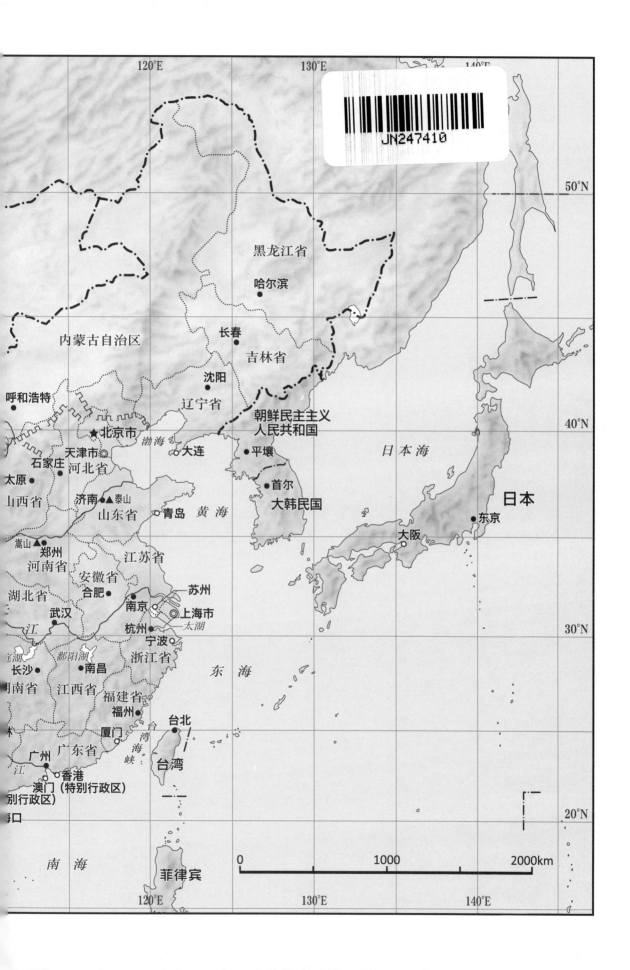

新訂・ゼロから学ぶ中国語

―検定試験合格への道のり―

周 一川・郭 海燕・賈 曦

同学社

音声について

♪00 がついている箇所には，ネイティブスピーカーによる録音があります。
同学社のホームページよりダウンロードできます。

http://www.dogakusha.co.jp/07910_onsei.html

本文イラスト：ありよし　きなこ

前書き

　このテキストは、初めて中国語を学習する学生のために作成しました。11 月に行われる中国語検定試験「準 4 級」に合格することを目指すものでもあります。そして本文は、「発音編」、「入門編」、「初級編Ⅰ」、「初級編Ⅱ」に分かれていますが、通年またはセメスター、どちらの授業にも使用が可能です。

　本テキストには、語彙、文法、あいさつ言葉、漢字の書き方などの検定試験に頻出する内容を取り入れました。また、単語や文法問題に配慮しながら、活用度の高い内容を短いセンテンスで表しています。さらに、練習問題によって、本文で学んだ表現及び文法事項に対する理解と実践がより一層深まるように工夫しました。

　前期に「発音編」と「入門編」、後期 11 月末の検定試験日までに「初級編Ⅰ」、その後に「初級編Ⅱ」を学習するように構成しました。「初級編Ⅱ」は、4 級レベルの内容でもあり、中級レベルへのステップとなっています。

　単語リストは「発音編単語のまとめ」（「単語を覚えよう」の語彙）と「第 1 課〜第 15 課の単語リスト」（本文、学習ポイント、練習問題の語彙）の二個所に分かれています。また、重要な文法は「文法の手引」にまとめてありますので、是非ともご活用ください。

　《附録》の「中国語検定試験準四級模擬試験」には模範解答も付いていますので、受験する前にチャレンジしてみましょう。

　このテキストで中国語を学ぶ学生が検定試験に合格し、簡単な日常会話ができるようになることを心から願っています。

　2021 年秋

著者一同

目 次

◆ 発音編

一．四声と単母音	8
二．子音	9
三．複合母音	10
四．鼻母音	11
五．ピンインのまとめ	12
六．数字いろいろ	14
七．発音編総合練習	16
八．発音編単語のまとめ	18

◆ 入門編

第1課　您贵姓? 20
1. 人称代名詞
2. 名前の尋ね方と答え方
3. 文末助詞「呢」

第2課　你是日本人吗? 24
1. 判断を表す動詞「是」の文
2. 副詞「也」
3. 疑問詞疑問文

第3課　这是什么? 28
1. 指示代名詞
2. 「什么」と「谁」の区別
3. 副詞「都」
4. 「的」の用法(1)

第4課　你想买电脑吗? 32
1. 動詞の「有」
2. 「是」と「有」以外の動詞の文
3. 助動詞(1)「想」
4. 文末助詞「吧」

第5課　你家有几口人? 36
1. 助数詞（量詞）
2. 「几」と「多少」
3. 家族構成の尋ね方と答え方
4. 家族の呼び方

第6課　你最近忙吗? 40
1. 形容詞の文
2. 「不太～」と「太～了」
3. 反復疑問文

◆ 初級編 I

第7課　电影几点开始? 　44
1. 時刻の表現
2. 指示代名詞
3. 前置詞（介詞）(1)
4. 連動文(1)

第8課　今天星期几? 　48
1. 曜日の言い方
2. 月、日の言い方
3. 年齢の尋ね方と答え方
4. 「了」の用法

第9課　一共多少钱? 　52
1. 選択疑問文「还是」
2. 動詞のかさね型
3. 金額の言い方

第10課　大学里有书店 　56
1. 存在を表す「有」と「在」
2. 「的」の用法(2)
3. 連動文(2)

第11課　我去过中国 　60
1. 助動詞(2)
2. 経験を表す「过」
3. 「(是)～的」の文

◆ 初級編 II

第12課　我在做作业呢 　64
1. 現在進行形
2. 時量（時間の長さ）詞
3. 比較の表現

第13課　我家离大学不太远 　68
1. 前置詞(2)
2. 「怎么」と「怎么样」

第14課　我得打工 　72
1. 助動詞(3)
2. 二重目的語を持つ動詞の文

第15課　我们快放假了 　76
1. 未来形:「快要・快・要～了」
2. 程度を表す助詞「得」の文

一問一答 　80

文法の手引 　81

《附　録》
- ◆第1課～第15課の単語リスト　85
- ◆発音編総合練習の解答　90
- ◆第12課～第15課リスニング練習の解答　91
- ◆中国語検定試験準4級模擬試験　92
- ◆中国語検定試験準4級模擬試験解答　95

概　説

○　中　国

国　　　名：中華人民共和国
首　　　都：北京
建国年月：1949 年 10 月 1 日
国土面積：約 960 万 km^2（日本の約 26 倍）
人　　　口：約 14 億
社会体制：社会主義体制
行政区分：23 省（台湾を含む）、5 自治区、4 直轄市、2 特別行政区
民　　　族：多民族国家、漢族が人口の約 92％、他 55 の少数民族が人口の約 8％
主要言語：漢語（中国語）
通　　　貨：人民元

○　中国語とは

★中国の共通語—普通话 pǔtōnghuà（標準語）

　普段日本人が「中国語、中国語」と言っている言語を中国人は「汉语」Hànyǔ 或いは「中文」Zhōngwén と言っている。「汉语」（漢語）とは漢民族の言語のことである。

　「汉语」には、数多くの方言が存在し、それらの中に北京語も上海語も広東語も福建語もある。しかし、方言だけでは困る。一つの国には全国共通の標準語が必要である。そこで全国に普く通じる話という意味の「普通话」が定められ、ラジオやテレビ、新聞、教育といった公の場で広く用いられている。私たちがこれから学ぼうとしているのはこの全国共通の中国語、つまり「普通话」である。

★中国式表音ローマ字—拼音 pīnyīn（ピンイン）

　漢字だけしかない中国語はその読み方をどう表しているのだろう。確かに漢字は目で見て意味を知るには便利だが、「音」を表してはくれない。「音」を表してくれる日本語のカナのような、何らかのものが必要である。

　そこで中国では、1958 年に漢字の読み方を示すものとしてアルファベットローマ字によるつづり「拼音」を制定し、これを公表した。中国の小学生も入学後、まずこの「拼音」を学ぶ。

★正式な文字—简体字 jiǎntǐzì（簡体字）

　中国語は漢字で書き表されている。しかし、その漢字は日本人が使っているものとは形が違うものもある。ヒトは「人」、サケは「酒」であるが、馬は「马」となり、頭は「头」である。こういう中国語独自の簡略化された文字を「简体字」と言うが、これは決して俗字ではなく、中国語を書き表す正式な字体である。

発 音 編

一、四声と単母音

1. ピンイン学習のステップ

2. 四声　（♪1）

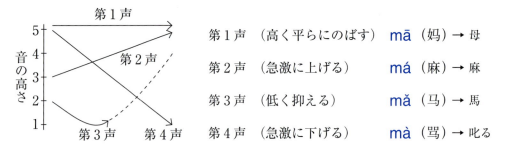

3. 単母音（6個＋er）（♪2）

a		口を大きく開けて明るく「アー」を出す。
o		日本語の「オ」より唇をまるく突き出して発音する。
e		唇を左右に引き、喉の奥から声を出す。日本語の「エ」の口の形で「オ」。
i	(yi)	唇を左右に引いて日本語の「イー」を言う。
u	(wu)	日本語の「ウ」よりも思い切って唇をまるく突き出し、口の奥から声を出す。
ü	(yu)	上のuを言う唇の形をして、「イ」を言う。
er		「ア」と発音しながら、舌の先を上にそらせる。

☞ i、u、ü は子音と組まずに単独で使われるとき、yi、wu、yuと書き換える。

4. 比較　（♪3）

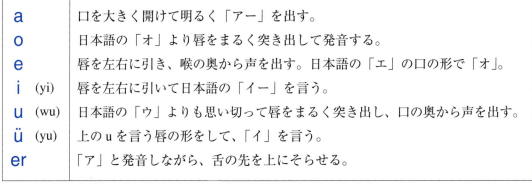

5. 単語を覚えよう（♪4）

① mā（妈）母　② mǎ（马）馬　③ è（饿）ひもじい　④ yī（一）一　⑤ wǔ（五）五

⑥ wū（屋）部屋　⑦ yú（鱼）魚　⑧ yǔ（雨）雨　⑨ ěr（耳）耳　⑩ èr（二）二

二、子音

1. 子音（21個）（♪5）

	無気音	有気音		
唇　音	b（o）	p（o）	m（o）	f（o）
舌尖音	d（e）	t（e）	n（e）	l（e）
舌根音	g（e）	k（e）	h（e）	
舌面音	j（i）	q（i）	x（i）	
そり舌音	zh（i）	ch（i）	sh（i）	r（i）
舌歯音	z（i）	c（i）	s（i）	

☞① 発音練習のときは、（　）の母音をつけて行う。

　② zh、ch、sh、r と z、c、s の後の i は、単母音の i とは異なる。

2. 音節の比較　（♪6）

① bā（八）八 —— pà（怕）怖がる　　② dà　（大）大 —— tā　（他）彼

③ gè（个）個 —— kè（课）課、授業　　④ jī　（鸡）鶏 —— qī　（七）七

⑤ lù（路）路 —— rè（热）暑い、熱い　　⑥ chū（出）出る —— chē（车）車

⑦ cì（次）回 —— cū（粗）太い　　⑧ xí　（习）習 —— shí（十）十

3. 単語を覚えよう　（♪7）

① gē　（歌）　歌　　　② nǐ　　（你）　あなた　　③ hē　（喝）　飲む

④ jǐ　（几）　幾つ　　⑤ zhǐ　（纸）　紙　　　⑥ shì　（是）　〜は〜である

⑦ chī（吃）　食べる　⑧ shū　（书）　本　　　⑨ chá（茶）　茶

⑩ bàba（爸爸）父　　⑪ māma（妈妈）母　　　⑫ gēge（哥哥）兄

⑬ dìdi（弟弟）弟　　⑭ kělè　（可乐）コーラー　⑮ kùzi（裤子）ズボン

三、複合母音

1. 複合母音（13個）（♪ 8)

＞型（しりすぼみ型）	ai	ei	ao	ou	
＜型（発展型）	ia	ie	ua	uo	üe
◇型（ひしもち型）	iao	iou（iu）	uai	uei（ui）	

☞① i、u、ü で始まる複合母音は、子音と組まずに単独で使われる場合、y、w、yu と書き換える。

② iou、uei は子音と組むとき、–iu、–ui と書き換える。

③ j、q、x は ü で始まる母音と組む場合、ü→u と書き換える（ü の上の点が消える）。

2. 音節の比較 （♪ 9)

① xià （下）下 —— xiè （谢）謝   ② zǒu （走）歩く —— zuǒ （左）左

③ yá （牙）歯 —— yé （爷）爺   ④ nǎo （脑）脳 —— niǎo （鸟）鳥

⑤ guì （贵）高い —— huì （会）会   ⑥ wǎ （瓦）瓦 —— wǒ （我）私

⑦ qiū （秋）秋 —— jiǔ （九）九   ⑧ yè （夜）夜 —— yuè （月）月

⑨ xiǎo （小）小さい —— shǎo （少）少ない   ⑩ wài （外）外 —— wéi （喂）もしもし

3. 単語を覚えよう （♪ 10)

① cài （菜）料理・野菜   ② wǒ （我）私   ③ xiě （写）書く

④ yéye （爷爷）祖父   ⑤ nǎinai （奶奶）祖母   ⑥ jiějie （姐姐）姉

⑦ mèimei （妹妹）妹   ⑧ shuǐguǒ （水果）果物   ⑨ hǎochī （好吃）おいしい

⑩ dàxué （大学）大学   ⑪ lǎoshī （老师）先生   ⑫ jiàoshì （教室）教室

⑬ zhuōzi （桌子）机   ⑭ yóujú （邮局）郵便局   ⑮ cèsuǒ （厕所）トイレ

教室用語 1 （♪ 11)

Nǐ hǎo!	Lǎoshī hǎo!	Xièxie!	Bú xiè!
你 好!	老师 好!	谢谢!	不 谢!
こんにちは!	先生、こんにちは!	ありがとう!	どういたしまして!

四、鼻母音

1. 鼻母音（16個）（♪ 12）

-n：	an	en	in	ian
	uan	uen（un）	ün	üan
-ng：	ang	eng	ing	iang
	uang	ueng	ong	iong

☞①複合母音と同じで、子音と組まずに単独で使われる場合、i、u、ü は y、w、yu と書き換えるが、in、
　　ing は例外。i は消えずに、y を付け加え、yin、ying になる。

　②uen は子音と組むとき、-un と書き換える。

2. 音節の比較　（♪ 13）

① qiān　（千）千　　── qiáng　（墙）壁　　② xiān （先）先　── xiǎng （想）思う

③ wán　（完）完　　── wáng　（王）王　　④ yīn　（阴）曇り ── yīng　（英）英

⑤ yān　（烟）タバコ ── yáng　（羊）羊　　⑥ mín　（民）民　── míng　（明）明

⑦ bàn　（半）半　　── bāng　（帮）手伝う　⑧ wén　（文）文　── wèn　（问）問

⑨ chuán（船）船　　── chuáng（床）ベッド　⑩ shān （山）山　── shàng（上）上

3. 単語を覚えよう　（♪ 14）

① xìn　　　　（信）　手紙　　　　　　② qián　　　　（钱）　お金

③ líng　　　　（零）　ゼロ　　　　　　④ chūntiān（春天）春

⑤ gōngyuán（公园）公園　　　　　　⑥ yínháng　（银行）銀行

⑦ diànchē　（电车）電車　　　　　　⑧ chēzhàn　（车站）駅

⑨ fàndiàn　（饭店）ホテル・飲食店　⑩ péngyou　（朋友）友達

⑪ xuésheng（学生）学生　　　　　　⑫ kèběn　　（课本）テキスト

⑬ Zhōngguó（中国）中国　　　　　　⑭ Rìběn　　（日本）日本

⑮ Běijīng　（北京）北京　　　　　　⑯ Dōngjīng（东京）東京

教室用語2 （♪ 15）

Nǐmen hǎo!	Nín hǎo!	Zài jiàn!	Xiàxīngqī jiàn!
你们 好！	您 好！	再 见！	下星期 见！
みなさん、こんにちは！	こんにちは！	さようなら！	また来週！

五、ピンインのまとめ

1. 声調符号の位置

（1）**母音**の上につける。

（2）母音が複数ある場合、原則として単母音の順となる。

　　　a － o － e － i － u － ü

（3）–iu、–ui は**後ろ**につける。→ liù、duì

（4）i の上につける場合、i の上の点をとって、ī í ǐ ì のようになる。

2. ピンイン表記上の注意点

1) i、u、ü

①単母音の i、u、ü が子音と組まずに単独で使われる時は、yi、wu、yu と表記する。

②i、u、ü で始まる複合母音や鼻母音が単独で使われる時は、y、w、yu と表記する。

i → y	例：ia → ya	ian → yan	iang → yang
u → w	例：uo → wo	ua → wa	uang → wang
ü → yu	例：üe → yue	ün → yun	üan → yuan

☞鼻母音の in、ing は例外。i を書き直すのではなく、y を付け加える。

in → yin、ing → ying と表記する。

2) j、q、x ＋ ü、üe、ün、üan

j、q、x の後ろが ü である場合、ü の発音は変わらないが、ü → u と書き直す。

　例：j ＋ ü → ju　　　jú （菊）菊

　例：q ＋ ün → qun　　qún （群）群れ

　例：x ＋ üe → xue　　xuě （雪）雪

3) 子音＋ uei、iou、uen

真中の「e」と「o」が消え、ui、iu、un と表記する。

　例：sh ＋ uei → shui　　shuì （睡）寝る

　例：j ＋ iou → jiu　　　jiǔ （九）九

　例：k ＋ uen → kun　　kùn （困）眠い

3. 発音の変化

1) "儿" 化 （♪ 16）

画 ＋ 儿	玩 ＋ 儿	小孩 ＋ 儿
huàr（画儿）絵	wánr（玩儿）遊ぶ	xiǎoháir（小孩儿）子供

2) "不" の声調変化（不 bú、不 bù）

"不" は本来第4声であるが、後ろに第4声が来ると、"不" は第2声に変化する。

Bù xíng!（不 行!）だめである 　　bù 不 ＋ shì 是 ⇒ bú shì （不 是）～ではない

3) "一" の声調変化（yī、yì、yí）

"一" は本来第1声であるが、後に続く音によって、声調変化を起こす。

（1）後に第1・2・3声が続くときは、第4声に変化する。

　　yìqiān（一千）千 　　　　yìhuí（一回）一回 　　　　yìbǎi（一百）百

（2）後に第4声が続くときは、第2声に変化する。

　　yíwàn（一万）一万 　　　　yíyàng（一样）同じである

（3）順序数は第1声のまま。 　yī èr sān 一　二　三 　　　dì yī kè（第 一 课）

4. 声調の組み合わせ（2音節）（♪ 17）

	第1声	第2声	第3声	第4声	軽　声
第1声	fēijī（飞机）飛行機	gōngyuán（公园）公園	zhōngwǔ（中午）昼	gōngzuò（工作）仕事	zhuōzi（桌子）机
第2声	máoyī（毛衣）セーター	yóujú（邮局）郵便局	cídiǎn（词典）辞書	xuéxiào（学校）学校	péngyou（朋友）友達
第3声	shǒujī（手机）携帯電話	xiǎoshí（小时）～時間	shuǐguǒ（水果）果物	zǎofàn（早饭）朝食	jiějie（姐姐）姉
第4声	rènzhēn（认真）真面目である	dìtú（地图）地図	Hànyǔ（汉语）中国語	xiànzài（现在）現在	kuàizi（筷子）お箸

☞ 第3声＋第3声は、第2声＋第3声に発音する。4つの声調以外に、軽く短く発音される "軽声"
　もある。

13

5. 単語を覚えよう （♪ 18）

① jiǎozi	（饺子）	餃子		② miàntiáo	（面条）	ラーメン
③ miànbāo	（面包）	パン		④ guǒzhī	（果汁）	ジュース
⑤ cídiǎn	（词典）	辞書		⑥ qiānbǐ	（铅笔）	鉛筆
⑦ běnzi	（本子）	ノート		⑧ wèntí	（问题）	問題・質問
⑨ máoyī	（毛衣）	セーター		⑩ shǒujī	（手机）	携帯電話
⑪ shǒubiǎo	（手表）	腕時計		⑫ diànhuà	（电话）	電話
⑬ diànnǎo	（电脑）	パソコン		⑭ diànyǐng	（电影）	映画
⑮ zìxíngchē	（自行车）	自転車		⑯ gōngjiāochē	（公交车）	路線バス

教室用語3 （♪ 19）

Xiànzài diǎn míng!	Dào!	Yǒu wèntí ma?	Yǒu./Méiyǒu.
现在 点 名!	到!	有 问题 吗?	有。／没有。
今から出席を取ります。	（呼ばれて）はい！	質問がありますか。	あります。／ありません。

六、数字いろいろ

1. 数字の読み方

1）0 ～ 99 （♪ 20）

líng	yī	èr	sān	sì	wǔ	liù	qī	bā	jiǔ	shí
零	一	二	三	四	五	六	七	八	九	十
0	1	2	3	4	5	6	7	8	9	10

shíyī	shí'èr	èrshí	èrshibā(èrshíbā)	jiǔshí	jiǔshijiǔ(jiǔshíjiǔ)
十一	十二	二十	二十八	九十	九十九
11	12	20	28	90	99

☞ピンインの間にある「'」は単語の発音をわかりやすくするためにつけてある。前と後は別音節という意味。

2）三ケタ以上の数字の「1」、「2」、「0」

「1」 （♪ 21）

yìbǎi	yìqiān	yíwàn	yìbǎiyīshiyī(yìbǎiyīshíyī)	yìqiānyìbǎiyīshí
一百	一千	一万	一百一十一	一千一百一十
100	1000	10000	111	1110

☞「1」はすべて発音する。

「2」 （♪22）

èrbǎi(liǎngbǎi)	liǎngqiān	liǎngwàn	liǎngqiānyìbǎi'èrshí
二百（两百）	两千	两万	两千一百二十
200	2000	20000	2120

☞ 2千と2万は、「两」を発音する。

「0」 （♪23）

yìbǎilíngyī	yìqiānlíngyī	èr(liǎng)bǎilíngèr	liǎngqiānlíngèr
一百零一	一千零一	二（两）百零二	两千零二
101	1001	202	2002

☞ 数字と数字の間の「0」はいくつあっても一つだけ発音する。

yìqiānlíngwǔshí	yìqiānwǔ(bǎi)	yìbǎiwǔ(shí)
一千零五十	一千五（百）	一百五（十）
1050	1500	150

☞ 後ろの「0」は数字の通りに発音する。数字と数字の間に「0」がないとき、後ろの「0」の発音を省略できる。

2. 西暦の読み方 （♪24）

yījiǔjiǔbā nián	èrlínglíngliù nián	èrlíngyīwǔ nián	èrlíngèrèr nián
1998 年	2006 年	2015 年	2022 年

3. 番号の読み方 （♪25）

língjiǔlíng-yāo'èrsānsì-wǔliùqībā	yāolíngyāobā	yāoyāobā
電話番号：090-1234-5678	学生番号：1018	部屋番号：118

☞ 数字は一つ一つ読むが、「1」は「yāo」と発音する。

教室用語4 （♪26）

Duì le!	Bú duì!	Cuò le!
对 了!	不 对!	错 了!
正解です！	不正解です！	間違っています！

15

七、発音編総合練習

1. 発音を聞いて、ピンインに声調符号をつけなさい。（♪27）

wu	shijiu	yibaiyishiba	liangqianlingliu	erlingerer nian
5	19	118	2006	2022 年

chuntian	pengyou	maoyi	shuiguo	zixingche
春天	朋友	毛衣	水果	自行车

2. 発音を聞いて(1)〜(5)のピンイン表記と一致するものを①〜④の中から一つ選びなさい。（♪28）

(1) ① chī ② zhū ③ shū ④ zhuō

(2) ① xiě ② xuě ③ jiě ④ zǒu

(3) ① chuán ② qián ③ qiáng ④ chuáng

(4) ① diàn ② miàn ③ zhàn ④ fàn

(5) ① jiǔ ② yǔ ③ jǐ ④ kǔ

3. (1)〜(5)の日本語を、中国語で言い表す場合、最も適当なものを①〜④の中から一つ選びなさい。（♪29）

(1) 机　　① zhuōzi ② běnzi
　　　　③ jiǎozi ④ shǒujī

(2) 電話　① diànchē ② chēzhàn
　　　　③ diànhuà ④ diànyǐng

(3) ラーメン ① miànbāo ② shuǐguǒ
　　　　③ miàntiáo ④ hǎochī

(4) 108　① yìqiānlíngbā ② yìbǎilíngbā
　　　　③ yìbǎibāshí ④ yìqiānbābǎi

(5) 2174　① liǎngqiānqībǎiyīshísì ② liǎngqiānyìbǎiqīshísì
　（学生番号）③ èryāosìqī ④ èryāoqīsì

4. (1)～(5)の中国語の正しいピンイン表記を①～④の中から一つ選びなさい。

(1) 鱼   ① yǔ   ② yú   ③ wǔ   ④ yī

(2) 信   ① xìn   ② wèn   ③ kùn   ④ yùn

(3) 电脑   ① máoyī   ② shǒujī   ③ shǒubiǎo   ④ diànnǎo

(4) 大学   ① xuésheng   ② dàxué   ③ jiàoshì   ④ dàxuě

(5) 公园   ① gōngyuán   ② cèsuǒ   ③ yínháng   ④ rènzhēn

5. ピンインを書きなさい。

11	90	102	2006	1016
				（部屋番号）

日本	中国	铅笔	电车	面包

6. 中国語の漢字と日本語の意味を書きなさい。

bàba	māma	yéye	nǎinai	gēge

jiějie	shǒujī	kùzi	diànhuà	chēzhàn

（解答：90 頁）

八、発音編単語のまとめ

1. 単語リスト（単語を覚えよう）

B

爸爸	bàba	父
北京	Běijīng	北京
本子	běnzi	ノート

C

菜	cài	料理・野菜
茶	chá	茶
厕所	cèsuǒ	トイレ
车站	chēzhàn	駅
吃	chī	食べる
词典	cídiǎn	辞書
春天	chūntiān	春

D

大学	dàxué	大学
弟弟	dìdi	弟
电车	diànchē	電車
电话	diànhuà	電話
电脑	diànnǎo	パソコン
电影	diànyǐng	映画
东京	Dōngjīng	東京

E

饿	è	ひもじい
耳	ěr	耳
二	èr	二

F

饭店	fàndiàn	ホテル・飲食店

G

歌	gē	歌
哥哥	gēge	兄
公交车	gōngjiāochē	路線バス
公园	gōngyuán	公園
果汁	guǒ zhī	ジュース

H

好吃	hǎochī	おいしい
喝	hē	飲む

J

几	jǐ	幾つ
饺子	jiǎozi	餃子
教室	jiàoshì	教室
姐姐	jiějie	姉

K

可乐	kělè	コーラー
课本	kèběn	テキスト
裤子	kùzi	ズボン

L

老师	lǎoshī	先生
零	líng	ゼロ

M

妈	mā	母
妈妈	māma	母
毛衣	máoyī	セーター
马	mǎ	馬
妹妹	mèimei	妹
面包	miànbāo	パン
面条	miàntiáo	ラーメン

N

奶奶	nǎinai	祖母
你	nǐ	あなた

P

朋友	péngyou	友達

Q

铅笔	qiānbǐ	鉛筆
钱	qián	お金

R

日本	Rìběn	日本

S

是	shì	～は～である
手机	shǒujī	携帯電話
手表	shǒubiǎo	腕時計
书	shū	本
水果	shuǐguǒ	果物

W

问题	Wèntí	問題、質問
我	wǒ	私
屋	wū	部屋
五	wǔ	五

18

		X	
写	xiě		書く
信	xìn		手紙
学生	xuésheng		学生
		Y	
爷爷	yéye		祖父
一	yī		一
银行	yínháng		銀行

		Z	
邮局	yóujú		郵便局
鱼	yú		魚
雨	yǔ		雨
纸	zhǐ		紙
中国	Zhōngguó		中国
桌子	zhuōzi		机
自行车	zìxíngchē		自転車

2. 部首と漢字の書き方

辶：2画。2画目の縦棒はまっすぐおろし、下ははねる。

宀：3画で2画目は真横に引いて最後にはねる。

纟：3画。

钅：2画～4画目の横三本を真横に引き、1・2画目は両のながれの屋根にしない。

你：右側の2画目は最後にはねる。

吃：右側の2画目は最後にはねない。

喝：右側の下部分の中身は「×」ではなく、「人」に似ているが、2画目は払わずに止める。

钱：右側に横は二本のみ。

车：4画で二画目は一気に書く。

电：電の下の部分に似ていますが、最後の5画目は頭が突き出す。

天：天の横の2本は下が長い。

包：下の部分は、「己」ではなく、「巳」である。

写：最後の1画は右へ突き出さない。

买：6画で上の部分は「亠」ではない。二つの点は左右に並べず、上下に重ねる。6画目は払わずに止める。

乐：5画で二画目の縦横は一気に書く。

第 1 课　　您 贵姓？
Dì yī kè　　Nín guìxìng?

课文 kèwén (♪ 30)

lǎoshī： Nǐ hǎo!
老师： 你 好！

xuésheng： Nín hǎo! Nín guìxìng?
学生： 您 好！ 您 贵姓？

Wǒ xìng Wáng, nǐ ne?
老师： 我 姓 王，你 呢？

Wǒ xìng Gāoqiáo, jiào Gāoqiáo Hào.
学生： 我 姓 高桥，叫 高桥 浩。

Wǒ jiào Wáng Hǎiyáng.
老师： 我 叫 王 海洋。

Chūcì jiànmiàn, qǐng duō guānzhào.
学生： 初次 见面，请 多 关照。

Qǐng duō guānzhào.
老师： 请 多 关照。

生词 shēngcí (♪ 31)

第	dì	第
课	kè	課、授業
您	nín	あなた
贵姓	guìxìng	相手の姓を尋ねる丁寧な表現
老师	lǎoshī	先生
学生	xuésheng	学生
你	nǐ	きみ、あなた
好	hǎo	よい、素晴らしい
我	wǒ	私
姓	xìng	姓、(姓)を～という

王	Wáng	王
呢	ne	～は？
高桥 浩	Gāoqiáo Hào	高橋 浩
叫	jiào	（フルネーム）を～という
王 海洋	Wáng Hǎiyáng	王 海洋
初次	chūcì	初めて
见面	jiànmiàn	会う
请	qǐng	どうぞ、～してください
多	duō	多く、多い
关照	guānzhào	面倒を見る

学習ポイント

① 人称代名詞 （♪ 32）

	一人称	二人称	三人称	疑問代名詞
単　数	wǒ **我** （私）	nǐ / nín **你 / 您** （きみ / あなた）	tā / tā **他 / 她** （彼 / 彼女）	shéi (shuí) **谁** （だれ）
複　数	wǒmen **我们** （私たち）	nǐmen **你们** （あなたたち）	tāmen / tāmen **他们 / 她们** （彼たち / 彼女たち）	

☞ 「**您**」は、「**你**」の敬語で、年配の人や敬意を表したい人に使用する。
　　複数の場合は、「**您**」を用いない。

② 名前の尋ね方と答え方

姿の場合：
　Nǐ guìxìng?　（Nín guìxìng?）　Wǒ xìng Gāoqiáo.
　你 **贵姓**?　（您 贵姓?）　我 **姓** 高桥。

フルネームの場合：
　Nǐ jiào shénme míngzi?　Wǒ jiào Gāoqiáo Hào.
　你 **叫** 什么 名字?　我 **叫** 高桥 浩。

　　*什么/ どんな、何　*名字/ 名前

☞ 苗字を尋ねるときと名前を尋ねるときでは、動詞を使い分ける。

③ 文末助詞 「呢」

| 名詞＋"呢"? | ～は？ |

Wǒ jiào Wáng Hǎiyáng, nǐ ne?
我 叫 王 海洋， 你 **呢**?

Nǐ xìng Wáng, tā ne?
你 姓 王， 她 **呢**?

練習問題

1. ピンインを漢字に直し、日本語に訳しなさい。

　（1）　Nín guìxìng?

　　✍ _____　　✍ _____

　（2）　Wǒ xìng Wáng.

　　✍ _____　　✍ _____

　（3）　Tā（彼女）jiào shénme míngzi?

　　✍ _____　　✍ _____

　（4）　Chūcì jiànmiàn.

　　✍ _____　　✍ _____

2. 正しい語順に並べ替えなさい。（句読点を忘れずに）

　（1）　我　　王　　叫　　姓　　王海洋

　　✍ _____　（私の苗字は王でフルネームは王海洋と申します。）

　（2）　请　　关照　　多

　　✍ _____　（どうぞよろしくお願いします。）

　（3）　你　　姓　　呢　　我　　王

　　✍ _____　（私は王と申しますが、あなたは？）

　（4）　叫　　你　　名字　　什么

　　✍ _____　（お名前は？）

3. 中国語に訳しなさい。

　（1）　はじめまして、どうぞよろしく。　　✍ _____

　（2）　彼の名前は？（フルネームを聞く）　　✍ _____

　（3）　お名前は？（苗字を聞く）　　✍ _____

　（4）　私は高橋浩と申します。　　✍ _____

中検（準4級）の合格を目指そう！

挨拶・会話 （♪ 33)

Wáng lǎoshī hǎo!	Gāoqiáo, nǐ hǎo!	Gāoqiáo xiānsheng, nín hǎo.	Xiǎo Wáng, nǐ hǎo.
王 老师 好! ↔	高桥，你 好！	高桥 先生， 您 好。↔	小 王， 你 好。
王先生、こんにちは！	高橋さん、こんにちは！	高橋様、こんにちは。	王さん、こんにちは。

Nín zǎo!	Nǐ zǎo!	Nín (shēntǐ) hǎo ma?	Wǒ hěn hǎo!
您 早! ↔	你 早!	您（身体） 好 吗? ↔	我 很 好!
おはようございます！	おはよう！	お元気ですか？	元気です！

☞ **小〜**（〜さん）：1文字の苗字の前につける。2文字の苗字には使わない。　○小王　　×小高橋
　　〜先生（男性の〜様、〜さん）：苗字の後ろにつける。　○王先生　　○高桥先生

リスニング練習 （♪ 34)

発音を聞いて中国語ではどのように言うのが最も適当か①〜④の中から一つ選びなさい。

(1) 先生に挨拶するとき　　① Wáng xiānsheng, nín hǎo!　　② Lǎoshī hǎo!

　　　　　　　　　　　　③ Nǐ zǎo!　　　　　　　　　　　④ Nǐmen hǎo!

(2) 王さんに挨拶するとき　① Nǐmen hǎo!　　　　　　　　② Gāoqiáo, nǐ hǎo!

　　　　　　　　　　　　③ Wáng lǎoshī hǎo!　　　　　　④ XiǎoWáng, nǐ hǎo!

(3) おはようと言うとき　　① Nǐ zǎo!　　　　　　　　　　② Bú xiè.

　　　　　　　　　　　　③ Nín hǎo!　　　　　　　　　　④ Duì le!

(4) お元気ですかと聞くとき　① Wǒ hěn hǎo!　　　　　　② Nǐmen hǎo!

　　　　　　　　　　　　③ Nín hǎo ma?　　　　　　　　④ Yǒu wèntí ma?

簡体字 ✍

课	✍	_____ _____ _____ _____ _____	（课→課）（讠→言）
贵	✍	_____ _____ _____ _____ _____	（贵→貴）（贝→貝）
师	✍	_____ _____ _____ _____ _____	（师→師）
桥	✍	_____ _____ _____ _____ _____	（桥→橋）
请	✍	_____ _____ _____ _____ _____	（请→請）
关	✍	_____ _____ _____ _____ _____	（关→関）
见	✍	_____ _____ _____ _____ _____	（见→見）
谁	✍	_____ _____ _____ _____ _____	（谁→誰）

☞ 「谁」の右側上の点は左から右下へ！　谁✕

第 2 课　　你 是 日本人 吗？
Dì èr kè　　Nǐ shì Rìběnrén ma?

课文 kèwén （♪ 35）

A：你 是 日本人 吗？
　　Nǐ shì Rìběnrén ma?

B：我 是 日本人。
　　Wǒ shì Rìběnrén.

A：她 也 是 日本人 吗？
　　Tā yě shì Rìběnrén ma?

B：她 不 是 日本人。
　　Tā bú shì Rìběnrén.

A：她 是 哪国人？
　　Tā shì nǎguórén?

B：她 是 中国人。
　　Tā shì Zhōngguórén.

A：认识 你，很 高兴。
　　Rènshi nǐ, hěn gāoxìng.

B：认识 你，我 也 很 高兴。
　　Rènshi nǐ, wǒ yě hěn gāoxìng.

生词 shēngcí （♪ 36）

是	shì	～は～である
日本人	Rìběnrén	日本人
吗	ma	～か
也	yě	～も
不	bù	否定を表す
哪国人	nǎguórén	どの国の人
中国人	Zhōngguórén	中国人
认识	rènshi	知り合う
很	hěn	とても
高兴	gāoxìng	嬉しい

学習ポイント

1 判断を表す動詞「是」の文

肯定文： 主語＋**是**＋名詞　　〜は〜である

　　　Wǒ　shì　Rìběnrén.
　　　我　**是**　日本人。

否定文： 主語＋**不**＋**是**＋名詞　　〜は〜ではない

　　　Wǒ　bú　shì　Rìběnrén.
　　　我　**不**　**是**　日本人。

　　☞「**不**」は否定の意味を表す副詞で、動詞や形容詞の前に置く。

疑問文： 文＋**吗**　　〜か

　　　Nǐ　shì　Rìběnrén　ma?
　　　你　是　日本人　**吗**?

2 副詞「也」

肯定文： **也**＋動詞　　〜も〜

　　　Wǒ　shì　Rìběnrén,　tā　yě　shì　Rìběnrén.
　　　我　是　日本人，他　**也**　是　日本人。

否定文： **也**＋**不**＋動詞　　〜も〜でない

　　　Tā　yě　bú　shì　Rìběnrén.
　　　他　**也**　**不**　是　日本人。

　　　Tā　yě　bú　xìng　Língmù.
　　　他　**也**　**不**　姓　铃木。　　＊**铃木** / 鈴木

　　☞「**也**」は副詞で、原則として動詞や形容詞の前に置く。

3 疑問詞疑問文

　　　Tā　shì　nǎguórén?
　　　他　是　**哪国人**?

　　　Nǐ　jiào　shénme　míngzi?
　　　你　叫　**什么**　名字?

　　☞ すべての疑問詞疑問文の文末に「**吗**」が要らない。

25

練習問題

1. ピンインを漢字に直し、日本語に訳しなさい。

   (1) Nǐ shì Rìběnrén ma?

   ✎ _____   ✎ _____

   (2) Wǒmen bú shì Zhōngguórén.

   ✎ _____   ✎ _____

   (3) Gāoqiáo yě shì xuésheng.

   ✎ _____   ✎ _____

   (4) Nín shì nǎguórén?

   ✎ _____   ✎ _____

2. 正しい語順に並べ替えなさい。(句読点を忘れずに)

   (1) 她们　是　也　日本人

   ✎ _____　（彼女たちも日本人です。）

   (2) 铃木　是　不　也　老师

   ✎ _____　（鈴木さんも先生ではありません。）

   (3) 你　认识　很　我　高兴

   ✎ _____　（お会いできて嬉しいです。）

   (4) 小王（主語）　中国人　是　呢　他

   ✎ _____　（王さんは中国人ですが、彼は？）

3. 中国語に訳しなさい。

   (1) 高橋さんは学生です。　　　　　✎ _____

   (2) あなたたちはどの国の人ですか。　✎ _____

   (3) 私も中国人ではありません。　　✎ _____

   (4) 彼女は日本人ですが、あなたは？　✎ _____

26

中検（準4級）の合格を目指そう！

挨拶・会話 （♪ 37）

Duìbuqǐ!	Méi guānxi!	Máfan nǐ le!	Bú / Bié kèqi!
对不起! →	没 关系!	麻烦 你 了! →	不 / 别 客气!
すみません！	大丈夫です！かまいません！	お手数をおかけしました！	どういたしまして！
			遠慮しないで！

Xīnkǔ le!	Wǒ xiān zǒu le!	Dǎjiǎo nín le!	Ràng nín jiǔ děng le!
辛苦 了!	我 先 走 了!	打搅 您 了!	让 您 久 等 了!
ご苦労様です！	お先に失礼します！	お邪魔しました！	お待たせしました！

Zài jiàn!	Huítóu jiàn!	Míngtiān jiàn!	Hǎojiǔ bú jiàn (le)!
再 见!	回头 见!	明天 见!	好久 不 见 (了)!
さようなら！	また後で！	また明日！	お久しぶりです！

リスニング練習 （♪ 38）

発音を聞いて中国語ではどのように言うのが最も適当か①～④の中から一つ選びなさい。

(1) 遠慮するなと言うとき　① Xīnkǔ le!　② Wǒ xiān zǒule!

　　　　　　　　　　　　③ Hǎojiǔ bú jiàn!　④ Bié kèqi!

(2) 待たせたとき　① Duìbuqǐ!　② Míngtiān jiàn!

　　　　　　　　③ Ràng nín jiǔ děng le!　④ Méi guānxi!

(3) 謝るとき　① Méi guānxi!　② Xīnkǔ le!

　　　　　　③ Duìbuqǐ!　④ Nín shēntǐ hǎo ma?

(4) 別れるとき　① Duìbuqǐ!　② Huítóu jiàn!

　　　　　　　③ Méi guānxi!　④ Nín hǎo ma?

(5) 久しぶりに会うとき　① Wǒ xiān zǒu le!　② Xīnkǔ le!

　　　　　　　　　　　③ Zài jiàn!　④ Hǎojiǔ bú jiàn!

簡体字 ✍

吗　✍ ＿＿＿　＿＿＿　＿＿＿　＿＿＿　＿＿＿　（马→馬）

认　✍ ＿＿＿　＿＿＿　＿＿＿　＿＿＿　＿＿＿　（认→認）

识　✍ ＿＿＿　＿＿＿　＿＿＿　＿＿＿　＿＿＿　（识→識）

兴　✍ ＿＿＿　＿＿＿　＿＿＿　＿＿＿　＿＿＿　（兴→興）

铃　✍ ＿＿＿　＿＿＿　＿＿＿　＿＿＿　＿＿＿　（铃→鈴）

对　✍ ＿＿＿　＿＿＿　＿＿＿　＿＿＿　＿＿＿　（对→対）

气　✍ ＿＿＿　＿＿＿　＿＿＿　＿＿＿　＿＿＿　（气→気）

头　✍ ＿＿＿　＿＿＿　＿＿＿　＿＿＿　＿＿＿　（头→頭）

第3课　这是什么？
Dìsānkè　Zhè shì shénme?

课文 kèwén (♪ 39)

A：请问，这是什么？
　　Qǐng wèn, zhè shì shénme?

B：这是汉语词典。
　　Zhè shì Hànyǔcídiǎn.

A：那是什么？
　　Nà shì shénme?

B：那是课本。
　　Nà shì kèběn.

A：那些都是课本吗？
　　Nàxiē dōu shì kèběn ma?

B：不是，那些是杂志和小说。
　　Bú shì, nàxiē shì zázhì hé xiǎoshuō.

A：汉语词典。是你的吗？
　　Hànyǔcídiǎn. shì nǐ de ma?

B：不是，是图书馆的。
　　Bú shì, shì túshūguǎn de.

生词 shēngcí (♪ 40)

这	zhè	これ
请问	qǐngwèn	お尋ねします
汉语	Hànyǔ	中国語
词典	cídiǎn	辞書
那	nà	それ、あれ
课本	kèběn	テキスト
那些	nàxiē	それら、あれら

都	dōu	全部、皆
杂志	zázhì	雑誌
和	hé	〜と〜
小说	xiǎoshuō	小説
图书馆	túshūguǎn	図書館
的	de	〜の〜

学習ポイント

① 指示代名詞 （♪ 41）

	近　称	遠　称	不定称
単数	zhè (zhèi) **这** （これ）	nà (nèi) **那** （それ／あれ）	nǎ (něi) **哪** （どれ）
複数	zhèxiē **这些** （これら、これらの）	nàxiē **那些** （それら、それらの；あれら、あれらの）	nǎxiē **哪些** （複数のどれ、どちら）

Zhè shì shénme? Zhè shì zázhì. 　　Nàxiē shì shénme? Nàxiē shì cídiǎn.
这 是 **什么**? 这 是 **杂志**。　　那些 是 **什么**? 那些 是 **词典**。

② 「什么」と「谁」の区別

什么＋名詞	Nà shì shénme xiǎoshuō? 那 是 **什么** 小说?	**谁**＋**的**＋名詞	Zhè shì shéi de kèběn? 这 是 **谁 的** 课本?

☞ 「**谁**」と「**什么**」は後ろに名詞が続くとき、「**谁**」は「**的**」が必要で、「**什么**」は要らない。

③ 副詞「都」

肯定文： **都**＋動詞 　～全部／すべて

Wǒmen dōu shì xuésheng. 　Zhèxiē dōu shì wǒ de shū.
我们 **都** 是 学生。　这些 **都** 是 我 的 书。 *书／本、書物

否定文： **都**＋**不**＋動詞 　～全部／すべて　～ではない

Wǒmen dōu bú shì xuésheng. 　Zhèxiē dōu bú shì wǒ de shū.
我们 **都 不 是** 学生。　这些 **都 不 是** 我 的 书。

☞ 「**都**」は副詞で、原則として動詞や形容詞の前に置き、主語は複数の場合が多い。

☞ 部分否定：我们不都是中国人。（私たちは全員中国人とは限らない。）

④ 「的」の用法 ⑴

名詞＋**的**＋名詞 　～の～

Zhè shì XiǎoWáng de xiǎoshuō. 　Nàxiē bú shì wǒ de .
这 是 小王 **的** 小说。　那些 不 是 我 **的**。

● 「的」の省略：

tā bàba 　　nǐmen lǎoshī 　wǒmen gōngsī
例：他 爸爸 　你们 老师 　我们 公司 　*爸爸／父　　**公司**／会社

☞ 家族、親しい関係、所属関係などの場合、「**的**」を略することが多い。

Hànyǔzázhì 　Hànyǔlǎoshī 　Yīngyǔcídiǎn
例：汉语杂志 　汉语老师 　英语词典 　***英语**／英語

☞ 固有名詞化されたものは、「**的**」は要らない。

練習問題

1. ピンインを漢字に直し、日本語に訳しなさい。

    (1) Zhè shì shénme?
    ✎ _____ ✎ _____

    (2) Nàxiē bú shì kèběn.
    ✎ _____ ✎ _____

    (3) Wǒmen dōu shì xuésheng.
    ✎ _____ ✎ _____

    (4) Hànyǔcídiǎn shì nǐ de ma?
    ✎ _____ ✎ _____

    (5) Zhè yě bú shì wǒ de zázhì.
    ✎ _____ ✎ _____

2. 正しい語順に並べ替えなさい。（句読点を忘れずに）

    (1) 小说　那些　是　都
    ✎ _____　　（あれらは全部小説です。）

    (2) 公司　的　这　是　不
    ✎ _____　　（これは会社のではありません。）

    (3) 我　不　那　的　是　也
    ✎ _____　　（それも私のではありません。）

    (4) 中国人　是　你们　吗　老师
    ✎ _____　　（あなたたちの先生は中国人ですか。）

    (5) 我们　不　是　都　老师
    ✎ _____　　（私たちは全員先生ではありません。）

3. 中国語に訳しなさい。

    (1) これは何ですか。　　　　　　　　　　✎ _____

    (2) 私たちは皆日本人です。　　　　　　　✎ _____

    (3) それらは大学の英語の辞書ではありません。　✎ _____

    (4) それは中国語の先生の本です。　　　　✎ _____

    (5) 私たちは全員学生とは限りません。　　✎ _____

中検（準4級）の合格を目指そう！

挨拶・会話 （♪ 42)

Qǐng jìn!
请 进!
どうぞお入りください！

Qǐng zuò!
请 坐!
どうぞおかけください！

Qǐng hē chá!
请 喝 茶!
お茶をどうぞ！

Qǐng yuánliàng!
请 原谅!
お許しください！

Qǐng děng yíxià!
请 等 一下!
ちょっとお待ちください！

Qǐng (nǐ) zài shuō yíbiàn!
请 (你) 再 说 一遍!
もう一度おっしゃってください！

リスニング練習 （♪ 43)

発音を聞いて中国語ではどのように言うのが最も適当か①～④の中から一つ選びなさい。

(1) 入室を勧めるとき　　① Qǐng wèn!　② Qǐng zuò!　③ Qǐng jìn!　④ Qǐng hē chá!

(2) お茶を勧める時　　① Xièxie!　② Qǐng hē chá!　③ Qǐng zuò!　④ Qǐng děng yíxià!

(3)「もう一度言って」　① Jiǔ děng le!　② Duìbuqǐ!　③ Qǐng děng yíxià!　④ Qǐng zài shuō yíbiàn!

(4) ちょっと待たせる時　① Qǐng zuò!　② Qǐng děng yíxià!　③ Qǐng wèn!　④ Ràng nín jiǔ děng le!

(5) 着席を勧める時　　① Qǐng zuò!　② Qǐng hē chá!　③ Qǐng wèn!　④ Wǒ xiān zǒu le!

筆記練習

(1)～(5)の日本語の意味に合う中国語を①～④の中から1つ選びなさい。

(1) 彼らは全員学生です。
①他们是都学生。　②他们都是学生。
③他们都学生是。　④他们学生都是。

(2) 私たちも全員日本人です。
①我们也都是日本人。　②我们是也都日本人。
③我们都也是日本人。　④我们也是都日本人。

(3) 彼女たちも先生ではありません。
①她们是也不老师。　②她们也是不老师。
③她们不也是老师。　④她们也不是老师。

(4) 私たちもみんな医者ではありません。
①我们都也不是医生。　②我们也不都是医生。
③我们也都不是医生。　④我们不也都是医生。

(5) 私たちは全員中国人とは限りません。
①我们不都是中国人。　②我们都不是中国人。
③我们是不都中国人。　④我们都是不中国人。

簡体字 ✍

问 ✍ ＿＿＿ ＿＿＿ ＿＿＿ ＿＿＿ （问→問）
汉 ✍ ＿＿＿ ＿＿＿ ＿＿＿ ＿＿＿ （汉→漢）
语 ✍ ＿＿＿ ＿＿＿ ＿＿＿ ＿＿＿ （语→語）
杂 ✍ ＿＿＿ ＿＿＿ ＿＿＿ ＿＿＿ （杂→雑）
志 ✍ ＿＿＿ ＿＿＿ ＿＿＿ ＿＿＿ （志→誌）
图 ✍ ＿＿＿ ＿＿＿ ＿＿＿ ＿＿＿ （图→図）
书 ✍ ＿＿＿ ＿＿＿ ＿＿＿ ＿＿＿ （书→書）
馆 ✍ ＿＿＿ ＿＿＿ ＿＿＿ ＿＿＿ （馆→館）

第 4 课　你 想 买 电脑 吗？
Dì sì kè　　Nǐ xiǎng mǎi diànnǎo ma?

课文 kèwén （♪ 44）

Nǐ yǒu diànnǎo ma?
A：你 有 电脑 吗？

Hái méi yǒu, nǐ ne?
B：还 没 有，你 呢？

Wǒ yě méi yǒu.
A：我 也 没 有。

Nǐ xiǎng mǎi diànnǎo ma?
B：你 想 买 电脑 吗？

Wǒ xiǎng mǎi.
A：我 想 买。

Wǒmen yìqǐ qù diànqìdiàn ba.
B：我们 一起 去 电器店 吧。

Shàngwǔ wǒ yǒu kè. Xiàwǔ qù ba.
A：上午 我 有 课。下午 去 吧。

Hǎo ba.
B：好 吧。

生词 shēngcí （♪ 45）

想	xiǎng	〜したい
买	mǎi	買う
电脑	diànnǎo	パソコン
有	yǒu	〜がある（いる）、持っている
还	hái	まだ、また
没有	méiyǒu	〜ない（いない）、持っていない

一起	yìqǐ	一緒に
去	qù	行く
电器店	diànqìdiàn	電気屋
吧	ba	文末に置く、推測、勧誘を表す。
上午	shàngwǔ	午前
下午	xiàwǔ	午後

学習ポイント

① **動詞の「有」**

肯定文： 人＋**有**＋名詞　　～は～がいる（ある）／～を持っている

　　　　Wǒ yǒu Zhōngguópéngyou.　　Wǒ yǒu Hànyǔcídiǎn.
　　　　我 **有** 中国朋友。　　　　我 **有** 汉语词典。　　＊**中国朋友**／中国の友人

否定文： 人＋**没有**＋名詞

　　　　Wǒ méiyǒu Zhōngguópéngyou.　Wǒ méiyǒu Hànyǔcídiǎn.
　　　　我 **没有** 中国朋友。　　　我 **没有** 汉语词典。

疑問文： 人＋**有**＋名詞＋**吗**

　　　　Nǐ yǒu Zhōngguópéngyou ma?　Nǐ yǒu Hànyǔcídiǎn ma?
　　　　你 **有** 中国朋友 **吗**?　　　你 **有** 汉语词典 **吗**?

② **「是」と「有」以外の動詞の文**　主語＋**動詞**＋目的語

　　　　Wǒ mǎi.　　　　Wǒmen xuéxí Hànyǔ.
肯定文：我 **买**。　　　我们 **学习** 汉语。　　＊**学习**／学ぶ

　　　　Wǒ bù mǎi.　　　Wǒmen bù xuéxí Hànyǔ.
否定文：我 **不 买**。　　我们 **不 学习** 汉语。

　　　　Nǐ mǎi ma?　　　Nǐmen xuéxí Hànyǔ ma?
疑問文：你 **买 吗**?　　　你们 **学习** 汉语 **吗**?

③ **助動詞（1）「想」**　主語＋**想**＋動詞＋目的語　　～したい

　　　　Wǒ xiǎng qù Zhōngguó.
肯定文：我 **想** 去 中国。

　　　　Wǒ bù xiǎng qù Zhōngguó.
否定文：我 **不 想** 去 中国。

　　　　Nǐ xiǎng qù Zhōngguó ma?
疑問文：你 **想** 去 中国 **吗**?

☞ 助動詞は動詞の前に置き、否定の「不」は助動詞の前に置く。

④ **文末助詞「吧」**

　　　　　　　　Nǐ shì xuésheng ba.
推測：～だろう　你 **是** 学生 **吧**。　　☞「**是**」とよく一緒に使用する。

　　　　　　　　Wǒmen yìqǐ kàn diànyǐng ba.
勧誘：～しよう　我们 **一起** 看 电影 **吧**。　☞「**一起**」とよく一緒に使用する。

　　　　　　　　　　　　　　　　　　　　＊**看**／見る、読む　＊**电影**／映画

　　　　　　　　　　Bié kèqi, zuò ba, zuò ba.
軽い命令：～しなさい　別 客气，坐 **吧**，坐 **吧**。　☞主語はよく略する。

　　　　　　　　　　　　　　　　＊**別**／～するな　＊**客气**／遠慮する　＊**坐**／座る

33

練習問題

1. ピンインを漢字に直し、日本語に訳しなさい。

    (1) Wǒ méiyǒu diànnǎo.

    (2) Nǐ xiǎng mǎi kèběn ma?

    (3) Wǒ yě xuéxí Hànyǔ.

    (4) Wǒmen yìqǐ qù ba.

    (5) Tāmen（彼ら）shàngwǔ yǒu kè, xiàwǔ méiyǒu kè.

2. 正しい語順に並べ替えなさい。（句読点を忘れずに）

    (1) 下午　铃木　课　有

    （鈴木さんは午後授業があります。）

    (2) 我　汉语词典　还　没有

    （私は中国語の辞書をまだ持っていません。）

    (3) 中国　去　我　想　不

    （私は中国に行きたくないです。）

    (4) 电影　看　吧　我们　一起

    （一緒に映画を見ましょう。）

    (5) 小王　想　买　杂志

    （王さんは雑誌を買いたいです。）

3. 中国語に訳しなさい。

    (1) あなたはパソコンを持っていますか。

    (2) 私は中国に行きたいです。

    (3) 一緒に中国語を勉強しましょう。

    (4) 私はまだパソコンを持っていません。

    (5) 彼は辞書を持っていますが、あなたは？

中検（準4級）の合格を目指そう！

グループ単語 （♪ 46）

qiánnián 前年 （一昨年）	qùnián 去年 （去年）	jīnnián 今年 （今年）	míngnián 明年 （来年）	hòunián 后年 （再来年）
qiántiān 前天 （一昨日）	zuótiān 昨天 （昨日）	jīntiān 今天 （今日）	míngtiān 明天 （明日）	hòutiān 后天 （明後日）
zǎoshang 早上 （朝）	shàngwǔ 上午 （午前）	zhōngwǔ 中午 （昼）	xiàwǔ 下午 （午後）	wǎnshang 晚上 （夜）
chūntiān 春天 （春）	xiàtiān 夏天 （夏）	qiūtiān 秋天 （秋）	dōngtiān 冬天 （冬）	

時間詞　ある特定の時間を表す。このページのグループ単語は時間詞としてよく使われる。

　　　　文中の位置：主語の前後に置く。

　　　　例：上午我有课。我上午有课。

リスニング練習 （♪ 47）

発音を聞いて(1)～(5)の場合中国語ではどのように言うのが最も適当か①～④の中から一つ選びなさい。

(1) 昨天　　　① jīntiān　　　② míngtiān　　　③ zuótiān　　　④ hòutiān

(2) 上午　　　① xiàwǔ　　　② zhōngwǔ　　　③ wǎnshang　　　④ shàngwǔ

(3) 去年　　　① qùnián　　　② qiánnián　　　③ jīnnián　　　④ míngnián

(4) 春天　　　① dōngtiān　　　② chūntiān　　　③ xiàtiān　　　④ qiūtiān

(5) 今年　　　① míngnián　　　② hòunián　　　③ qiánnián　　　④ jīnnián

簡体字 ✍

電 ✍ ＿＿＿ ＿＿＿ ＿＿＿ ＿＿＿ ＿＿＿ （电→電）

脑 ✍ ＿＿＿ ＿＿＿ ＿＿＿ ＿＿＿ ＿＿＿ （脑→腦）

买 ✍ ＿＿＿ ＿＿＿ ＿＿＿ ＿＿＿ ＿＿＿ （买→買）

天 ✍ ＿＿＿ ＿＿＿ ＿＿＿ ＿＿＿ ＿＿＿ （天→天）

后 ✍ ＿＿＿ ＿＿＿ ＿＿＿ ＿＿＿ ＿＿＿ （后→後）

器 ✍ ＿＿＿ ＿＿＿ ＿＿＿ ＿＿＿ ＿＿＿ （器→器）

习 ✍ ＿＿＿ ＿＿＿ ＿＿＿ ＿＿＿ ＿＿＿ （习→習）

第 5 课　　你 家 有 几 口 人？
Dì wǔ kè　　Nǐ jiā yǒu jǐ kǒu rén?

课文 kèwén （♪ 48）

A：你 家 有 几 口 人？
　　Nǐ jiā yǒu jǐ kǒu rén?

B：我 家 有 四 口 人。
　　Wǒ jiā yǒu sì kǒu rén.

A：都 有 什么 人？
　　Dōu yǒu shénme rén?

B：有 爸爸、妈妈、哥哥 和 我。
　　Yǒu bàba, māma, gēge hé wǒ.

A：我 家 也 有 四 口 人。
　　Wǒ jiā yě yǒu sì kǒu rén.

B：你 有 哥哥 吗？
　　Nǐ yǒu gēge ma?

A：没 有。我 有 一 个 姐姐。
　　Méi yǒu. Wǒ yǒu yí ge jiějie.

生词 shēngcí （♪ 49）

家	jiā	家
几	jǐ	いくつ
口	kǒu	家族総人数を数える助数詞
人	rén	人、人間
爸爸	bàba	お父さん、父
妈妈	māma	お母さん、母
哥哥	gēge	兄
个	gè、ge	個
姐姐	jiějie	姉

学習ポイント

① 助数詞（量詞）

数詞 + **助数詞** + 名詞

yí **ge** rén	yí **ge** miànbāo	liǎng **jiàn** máoyī	sān **běn** zázhì
一 **个** 人	一 **个** 面包	两 **件** 毛衣	三 **本** 杂志

＊**面包**／パン　＊**〜件**／〜枚　＊**毛衣**／セーター　＊**〜本**／〜冊

● 「二」と「両」の区別：

èr shi èr(èr shí èr)	dì èr kè	liǎng jiàn máoyī	liǎng běn zázhì
二 十 二	第 二 课	两 件 毛衣	两 本 杂志

☞ 「**二**」：数の順序としての2。　「**両**」：数量としての2。　＊**両**／2つ

② 「几」と「多少」

几 + 助数詞 + 名詞　いくつ、何〜　　　**多少** +（助数詞）+ 名詞　どのくらい

jǐ ge rén	jǐ jiàn máoyī	duōshao běn zázhì	duōshao (ge) rén
几 个 人	几 件 毛衣	多少 本 杂志	多少（个）人

☞ 「**几**」普通10未満だと思われる数を尋ねる場合に使う。10以上の場合は、「**多少** duōshao（どのくらい）」を使う。

「**几**」の後は、助数詞が欠かせないが、「**多少**」は、助数詞を省略する場合が多い。
例：几个学生？　多少（个）学生？

③ 家族構成の尋ね方と答え方

	尋ね方：	答え方：
総人数の場合：	Nǐ jiā yǒu jǐ kǒu rén? 你 家 有 几 口 人？	Wǒ jiā yǒu wǔ kǒu rén. 我 家 有 五 口 人。
きょうだいの人数の場合：	Nǐ yǒu jǐ ge gēge? 你 有 几 个 哥哥？	Wǒ yǒu yí ge gēge. 我 有 一 个 哥哥。

☞ 人を数える時は「**个**」を使うが、家族全員を数える時に「**口**」を使う。

④ 家族の呼び方

yéye	nǎinai	bàba	māma	gēge	jiějie	dìdi	mèimei
爷爷	奶奶	爸爸	妈妈	哥哥	姐姐	弟弟	妹妹
（お爺さん）	（お婆さん）	（父）	（母）	（兄）	（姉）	（弟）	（妹）

37

練習問題

1. ピンインを漢字に直し、日本語に訳しなさい。

   (1) Nǐ jiā dōu yǒu shénme rén?
   ✎ _____   ✎ _____

   (2) Yǒu bàba、māma、jiějie hé wǒ.
   ✎ _____   ✎ _____

   (3) Wǒ yě méiyǒu gēge.
   ✎ _____   ✎ _____

   (4) Wǒ xiǎng mǎi yì běn cídiǎn.
   ✎ _____   ✎ _____

   (5) Wǒ yǒu liǎng jiàn máoyī.
   ✎ _____   ✎ _____

2. 間違いを直しなさい。

   (1) 我家是六口人。   ✎ _____

   (2) 你家有几口人吗？ ✎ _____

   (3) 他有两口哥哥。   ✎ _____

   (4) 我有三个杂志。   ✎ _____

   (5) 他买二个面包。   ✎ _____

3. 中国語に訳しなさい。

   (1) 私は5人家族です。   ✎ _____

   (2) あなたはお姉さんがいますか。 ✎ _____

   (3) あなたはお兄さんが何人いますか。 ✎ _____

   (4) 私も弟がいません。   ✎ _____

   (5) 私は二人の妹がいます。   ✎ _____

中検（準4級）の合格を目指そう！

グループ単語 （助数詞）（♪ 50）

本 běn	〜冊（書籍類）	一**本**小说 xiǎoshuō	（小説1冊）
件 jiàn	〜枚（上着類）	两**件**毛衣 máoyī	（セーター2枚）
口 kǒu	〜人（家族総数）	三**口**人 rén	（3人家族）
个 ge	〜個（最も使われる助数詞）	四**个**钱包 qiánbāo （財布4つ）、四**个**学生	（学生4人）
张 zhāng	〜枚（紙類や平面を持つ類）	五**张**票 piào （切符5枚）、五**张**桌子 zhuōzi	（机5つ）
条 tiáo	〜本など（細長い、しなやかなもの）	六**条**裤子 kùzi （ズボン6本）、六**条**河 hé	（河6本）
把 bǎ	〜本など（柄や握りのあるもの）	七**把**伞 sǎn （傘7本）、七**把**椅子 yǐzi	（椅子7脚）
枝(支) zhī	〜本（短い棒状類）	八**枝**铅笔 qiānbǐ	（鉛筆8本）
杯 bēi	〜杯（カップ類）	九**杯**茶 chá	（お茶9杯）
只 zhī	〜匹（小動物など）	十**只**狗 gǒu	（犬10匹）

筆記練習

①〜④の中から、最も適当な助数詞を選びなさい。

(1) 我家有三（　　　）人。（私は三人家族です。）　　　　　①个　②口　③件　④本

(2) 高桥买两（　　　）衬衫。（高橋さんはシャツを二枚買います。）　　①枝　②本　③件　④只

　　　　　　　　*衬衫　chènshān／シャツ

(3) 小王有三（　　　）票。（王さんはチケットを三枚持っています。）　　①个　②件　③张　④本

(4) 我家有五（　　　）椅子。（我が家は椅子が五脚あります。）　　①把　②本　③条　④枝

(5) 我买一（　　　）词典。（私は辞書を一冊買います。）　　①只　②件　③枝　④本

簡体字 ✐

几　✐ ＿＿＿＿　＿＿＿＿　＿＿＿＿　＿＿＿＿　（几→幾）

包　✐ ＿＿＿＿　＿＿＿＿　＿＿＿＿　＿＿＿＿　（包→包）

两　✐ ＿＿＿＿　＿＿＿＿　＿＿＿＿　＿＿＿＿　（两→両）

张　✐ ＿＿＿＿　＿＿＿＿　＿＿＿＿　＿＿＿＿　（张→張）

第 6 课　　你 最近 忙 吗？
Dì liù kè　　Nǐ zuìjìn máng ma?

课文 kèwén （♪ 51）

A：你 最近 忙 吗？
　　Nǐ zuìjìn máng ma?

B：我 很 忙。
　　Wǒ hěn máng.

A：作业 多 吗？
　　Zuòyè duō ma?

B：汉语课 的 作业 不 多。
　　Hànyǔkè de zuòyè bù duō.

A：汉语 难 不难？
　　Hànyǔ nán bunán?

B：汉语 不太 难。
　　Hànyǔ bútài nán.

A：你 的 汉语 很 好。
　　Nǐ de Hànyǔ hěn hǎo.

B：哪里，哪里！你 过 奖 了。
　　Nǎli, nǎli! Nǐ guò jiǎng le.

生词 shēngcí （♪ 52）

最近	zuìjìn	最近
忙	máng	忙しい
作业	zuòyè	宿題
汉语课	Hànyǔkè	中国語の授業
难	nán	難しい

不太～	bútài~	あまり～ない
好	hǎo	良い、素晴らしい
哪里，哪里	nǎli, nǎli	とんでもない
过奖	guòjiǎng	褒めすぎる
了	le	文末助詞、語気を表す

学習ポイント

① 形容詞の文

肯定文： 主語 + 很 + 形容詞

Jīntiān hěn rè.
今天 很 热。

Zuótiān hěn liángkuai.
昨天 很 凉快。

*今天／今日　　*热／暑い、熱い　　*昨天／昨日　　*凉快／涼しい

否定文： 主語 + 不 + 形容詞

Jīntiān bú rè.
今天 不 热。

Zuótiān bù liángkuai.
昨天 不 凉快。

疑問文： 主語 + 形容詞 + 吗?

Jīntiān rè ma?
今天 热 吗?

Zuótiān liángkuai ma?
昨天 凉快 吗?

☞ 形容詞の肯定文は「とても」の意味がなくても、「很」をよくつける。

☞ 形容詞の文は、「是」を使ってはいけない。　×汉语 是 很难。

② 「不太～」と「太～了」

「不太 + 形容詞」　　あまり～でない、それほど～でない

Jiǎozi bútài hǎochī.
饺子 不太 好吃。　*饺子／ギョーザ　　好吃／おいしい（食べもの）

「太 + 形容詞 + 了」　非常に、～すぎる

Jiǎozi tài hǎochī le.
饺子 太 好吃 了。

Kělè tài hǎohē le.
可乐 太 好喝 了。　*可乐／コーラ　　好喝／おいしい（飲みもの）

③ 反復疑問文

「吗」の疑問文　　　　　　　反復（肯定＋否定）疑問文

Nǐ máng ma?
你 忙 吗?

Nǐ máng bumáng?
你 忙 不忙?

Míngtiān lěng ma?
明天 冷 吗?

Míngtiān lěng bulěng?
明天 冷 不冷?　*明天／明日　　*冷／寒い

Nǐ qù ma?
你 去 吗?

Nǐ qù buqù?
你 去 不去?

Nǐ yǒu zuòyè ma?
你 有 作业 吗?

Nǐ yǒu méiyǒu zuòyè?
你 有 没有 作业?

Nǐ yǒu zuòyè méiyǒu?
你 有 作业 没有?

☞ 反復疑問文には、「吗」をつけない。

41

練習問題

1. ピンインを漢字に直し、日本語に訳しなさい。

　(1) Nǐ zuìjìn máng bumáng?
　　✎ _____　　✎ _____

　(2) Nǐ de Hànyǔ hěn hǎo.
　　✎ _____　　✎ _____

　(3) Hànyǔ tài nán le.
　　✎ _____　　✎ _____

　(4) Jīntiān nǐ yǒu Hànyǔkè ma?
　　✎ _____　　✎ _____

　(5) Nǎli, nǎli. Guò jiǎng le.
　　✎ _____　　✎ _____

2. 間違いを直しなさい。

　(1) 饺子不太好吃了。　　✎ _____

　(2) 我最近不是忙。　　✎ _____

　(3) 汉语难不难吗？　　✎ _____

　(4) 你不去中国去？　　✎ _____

　(5) 今天我有中国语的课。　　✎ _____

3. 中国語に訳しなさい。

　(1) 私は昨日忙しかった。　　✎ _____

　(2) 中国語の授業の宿題はあまり多くない。　　✎ _____

　(3) 彼の中国語はすごく上手です。　　✎ _____

　(4) あなたたちは忙しいですか。（反復疑問文）　　✎ _____

　(5) 私の中国語はまだうまくない。　　✎ _____

中検（準4級）の合格を目指そう！

グループ単語 （形容詞）（♪ 53）

guì 贵（値段が高い）	piányi 便宜（値段が安い）	gāo 高（背などが高い）	ǎi 矮（背などが低い）
yuǎn 远（遠い）	jìn 近（近い）	nán 难（難しい）	róngyi 容易（易しい）
lěng 冷（寒い）	rè 热（暑い）	nuǎnhuo 暖和（暖かい）	liángkuai 凉快（涼しい）
dà 大（大きい、年上）	xiǎo 小（小さい、年下）	duō 多（多い）	shǎo 少（少ない）
zǎo 早（時間的に早い）	wǎn 晚（時間的におそい）	kuài 快（スピード速い）	màn 慢（スピードがおそい）

筆記練習

(1)〜(5)の日本語の意味になるように空欄を埋めるとき、最も適当なものを①〜④の中から一つ選びなさい。

(1) 私の家は遠い。　　　　我家（　）远。　　　①不　②很　③太　④是

(2) 中国語は難しくない。　汉语（　）难。　　　①很　②是　③不　④太

(3) 今日はとても温かい。　今天（　）暖和了。　①太　②不　③是　④还

(4) 昨日あまり寒くなかった。昨天（　）太冷。　①还　②是　③再　④不

(5) 明日暑いですか。　　　明天（　）不热?　　①很　②还　③热　④是

簡体字 ✎

难	✎	_____	_____	_____	_____	_____	（难→難）
业	✎	_____	_____	_____	_____	_____	（业→業）
过	✎	_____	_____	_____	_____	_____	（过→過）
远	✎	_____	_____	_____	_____	_____	（远→遠）
冷	✎	_____	_____	_____	_____	_____	（冷→冷）
热	✎	_____	_____	_____	_____	_____	（热→熱）
凉	✎	_____	_____	_____	_____	_____	（凉→涼）

Dì qī kè　　Diànyǐng jǐdiǎn kāishǐ?
第 7 课　　电影 几点 开始?

课文 kèwén （♪ 54）

　　Diànyǐng jǐdiǎn kāishǐ?
A：电影 几点 开始?

　　Wǎnshang qīdiǎn kāishǐ.
B：晚上 七点 开始。

　　Wǒmen jǐdiǎn jiànmiàn?
A：我们 几点 见面?

　　Liùdiǎnbàn, zěnmeyàng?
B：六点半， 怎么样?

　　Hǎo ba. Zài nǎr jiànmiàn?
A：好 吧。 在 哪儿 见面?

　　Zài diànyǐngyuàn ménkǒu jiànmiàn ba.
B：在 电影院 门口 见面 吧。

　　Wǒ zuò diànchē qù, nǐ ne?
A：我 坐 电车 去, 你 呢?

　　Wǒ qí zìxíngchē qù.
B：我 骑 自行车 去。

生词 shēngcí （♪ 55）

电影	diànyǐng	映画
～点	diǎn	～時
开始	kāishǐ	始まる、始める、開始する
晚上	wǎnshang	夜
半	bàn	半、30分
怎么样	zěnmeyàng	どうですか
在	zài	～で、～に

哪儿	nǎr	どこ
电影院	diànyǐngyuàn	映画館
门口	ménkǒu	玄関
坐	zuò	乗る、座る
电车	diànchē	電車
骑	qí	乗る
自行车	zìxíngchē	自転車

学習ポイント

① 時刻の表現

diǎn **点**（時）	fēn **分**（分）	miǎo **秒**（秒）	kè **刻**（15分）	bàn **半**（30分）	chà **差**～（～前）
yìdiǎn **一点**	liǎngdiǎn **两点**	sāndiǎn **三点**	sìdiǎn **四点**	wǔdiǎn **五点**	liùdiǎn **六点**
qīdiǎn **七点**	bādiǎn **八点**	jiǔdiǎn **九点**	shídiǎn **十点**	shíyīdiǎn **十一点**	shí'èrdiǎn **十二点**

尋ね方：现在 **几点**（钟）？ Xiànzài jǐdiǎn (zhōng)?
答え方：现在 **九点 十分**。 Xiànzài jiǔdiǎn shífēn.   *现在／今、現在

● 副詞としての時刻語

主語 ＋ **時刻** ＋ 動詞 ＋ 目的語　～に～をする

XiǎoLǐ bādiǎn qù dàxué.
小李 **八点** 去 大学。

Wǒ wǎnshang qīdiǎn chī wǎnfàn.
我 晚上 **七点** 吃 晚饭。　*吃／食べる　*晚饭／夕食

☞ 時刻の数字は、漢数字もアラビア数字も使う。　例：现在8点。

② 指示代名詞

近　称	遠　称	不定称
zhèr / zhèli **这儿／这里**（ここ）	nàr / nàli **那儿／那里**（そこ/あそこ）	nǎr / nǎli **哪儿／哪里**（どこ）

③ 前置詞（介詞）⑴

主語 ＋ **在＋場所** ＋ 動詞 ＋ 目的語　～で～

Wǒ zài jiā kàn diànshì.　Tā zài shāngdiàn mǎi dōngxi.　Wǒ bú zài shítáng chī fàn.
我 **在** 家 看 电视。　她 **在** 商店 买 东西。　我 **不 在** 食堂 吃 饭。
　　　*电视／テレビ　　　　*买东西／買い物する　　　　*食堂／食堂

● 常用前置詞

前置詞	意味	例文	例文の日本語訳
在 zài	～で、～に	我**在**大学学习。	私は大学で勉強する。
给 gěi	～に	我**给**他写信。	私は彼に手紙を書く。
跟 gēn	～と、～に	我**跟**你一起去中国。	私はあなたと一緒に中国に行く。

*写信 xiě xìn／手紙を書く

④ 連動文⑴　（連動文は同一の主語に対して、2つ以上の動詞（句）が連用される文）

Wǒ zuò diànchē qù dàxué.　　Tā kāi chē qù gōngsī.
肯定文：我 **坐** 电车 **去** 大学。　他 **开** 车 **去** 公司。　*开车／車を運転する

Wǒ bú zuò diànchē qù dàxué.
否定文：我 **不 坐** 电车 **去** 大学。

練習問題

1. ピンインを漢字に直し、日本語に訳しなさい。

   (1) Diànyǐng liǎngdiǎn kāishǐ.
      ✎ _____   ✎ _____

   (2) Xiànzài jǐdiǎn?
      ✎ _____   ✎ _____

   (3) Wǒmen zài nàr jiànmiàn ba.
      ✎ _____   ✎ _____

   (4) Nǐ gēn wǒ yìqǐ qù, zěnmeyàng?
      ✎ _____   ✎ _____

   (5) Wǒ měitiān dōu zuò diànchē qù dàxué. *每天（都）／毎日
      ✎ _____   ✎ _____

2. 正しい語順に並べ替えなさい。

   (1) 电影　开始　几点
      ✎ _____   （映画は何時に始まりますか。）

   (2) 他　都　在　每天　家　吃　早饭   *早饭 zǎofàn／朝食
      ✎ _____   （彼は毎日家で朝食を食べます。）

   (3) 我　爸爸　给　写信　妈妈　和
      ✎ _____   （私は父と母に手紙を書きます。）

   (4) 高桥　车　上学　开   *上学 shàngxué／通学する
      ✎ _____   （高橋さんは車で通学します。）

   (5) 我　电车　坐　不　去
      ✎ _____   （私は電車で行きません。）

3. 中国語に訳しなさい。

   (1) 今は2時半です。   ✎ _____

   (2) 私は7時に電車で大学に行きます。   ✎ _____

   (3) 王さんは自転車で通学します。   ✎ _____

   (4) 彼女は図書館で本を読みます。   ✎ _____

   (5) 彼は私に手紙を書きません。   ✎ _____

中検（準4級）の合格を目指そう！

グループ単語　（動詞句1）（♪ 56）

動詞	+	目的語			
zuò 坐（乗る）	+	diànchē 电车（電車）	(qì) chē (汽)车（車）	dìtiě 地铁（地下鉄）	fēijī chuán 飞机（飛行機）船（船）
qí 骑（乗る）	+	(zìxíng) chē (自行)车（自転車）	mótuōchē 摩托车（バイク）	mǎ 马（馬）	
kàn 看（見る、読む）	+	diànshì 电视（テレビ）	diànyǐng 电影（映画）	shū 书（本）	
mǎi 买（買う）	+	dōngxi 东西（物）	miànbāo 面包（パン）	bào (zhǐ) 报(纸)（新聞）	
qù 去（行く）	+	xuéxiào 学校（学校）	Měiguó 美国（アメリカ）	túshūguǎn 图书馆（図書館）	

筆記練習

日本語の意味になるように空欄を埋めるとき、最も適当なものを①～④の中から一つ選びなさい。

(1) 私は友達に電話をします。　我（　　）朋友打电话。　　　　①在　②给　③跟　④和

(2) 田中さんは食堂で昼食を食べます。　田中（　　）食堂吃午饭。*午饭 wǔfàn／昼食

　　　　　　　　　　　　　　　　　　　　　　　　　　　①在　②跟　③和　④给

(3) 王さんは飛行機で日本に来ます。　小王（　　）飞机来日本。　*来 lái／来る

　　　　　　　　　　　　　　　　　　　　　　　　　　　①骑　②去　③看　④坐

(4) あなたは私たちと一緒に行きましょう。　你（　　）我们一起去吧。

　　　　　　　　　　　　　　　　　　　　　　　　　　　①给　②在　③跟　④是

(5) 私は自転車で大学に行きます。　我骑（　　）去大学。　①地铁　②车　③电车　④汽车

簡体字 ✍

开	✍	＿＿＿＿	＿＿＿＿	＿＿＿＿	（开→開）
样	✍	＿＿＿＿	＿＿＿＿	＿＿＿＿	（样→様）
门	✍	＿＿＿＿	＿＿＿＿	＿＿＿＿	（门→門）
车	✍	＿＿＿＿	＿＿＿＿	＿＿＿＿	（车→車）
骑	✍	＿＿＿＿	＿＿＿＿	＿＿＿＿	（骑→騎）
视	✍	＿＿＿＿	＿＿＿＿	＿＿＿＿	（视→視）
东	✍	＿＿＿＿	＿＿＿＿	＿＿＿＿	（东→東）
写	✍	＿＿＿＿	＿＿＿＿	＿＿＿＿	（写→写）

第 8 课　今天 星期几？
Dì bā kè　Jīntiān xīngqījǐ?

课文 kèwén (♪ 57)

A：Jīntiān xīngqījǐ?
今天 星期几？

B：Jīntiān xīngqīsān.
今天 星期三。

A：Nǐ de shēngri jǐyuè jǐhào?
你 的 生日 几月 几号？

B：Wǒ de shēngri shíyuè shíbāhào.
我 的 生日 10月 18号。

A：Nǐ jīnnián duōdà le?
你 今年 多大 了？

B：Wǒ jīnnián shíjiǔ suì le.
我 今年 19 岁 了。

A：Wǒ gěi nǐ mǎi le yí ge xiǎo lǐwù.
我 给 你 买 了 一 个 小 礼物。

B：Tài hǎo le! Xièxie, xièxie!
太 好 了！ 谢谢， 谢谢！

生词 shēngcí (♪ 58)

今天	jīntiān	今日
星期几	xīngqījǐ	何曜日
星期三	xīngqīsān	水曜日
生日	shēngrì	誕生日
几月	jǐyuè	何月
几号	jǐhào	何日

今年	jīnnián	今年
多大	duōdà	幾つ
岁	suì	～歳
小	xiǎo	小さい
礼物	lǐwù	プレゼント
谢谢	xièxie	ありがとう

48

学習ポイント

① 曜日の言い方

xīngqīyī	xīngqī'èr	xīngqīsān	xīngqīsì	xīngqīwǔ	xīngqīliù	xīngqītiān (rì)
星期一	星期二	星期三	星期四	星期五	星期六	星期天（日）

　　　　　　　Jīntiān　xīngqījǐ?　　　　　　　　Jīntiān　xīngqīliù.
尋ね方：今天　**星期几**?　　　答え方：今天　**星期六**。

☞ 時間詞の場合：星期二我们有汉语课。我们星期二有汉语课。

② 月、日の言い方

yīyuè	èryuè	sānyuè	shíyuè	shíyīyuè	shí'èryuè
1月	2月	3月	……10月	11月	12月

yīhào	èrhào	shíhào	shíyīhào	sānshiyīhào (sānshíyīhào)
1号	2号	……10号	11号……	31号

　　　　　　　Jīntiān　jǐyuè　jǐhào?　　　　　　　　　Jīntiān　shíyuè　èrshiwǔhào(èrshíwǔhào).
尋ね方：今天　几月　几号?　　　答え方：今天　10月　25号。

☞ 時間詞の場合：高桥12月6号去中国。12月6号高桥去中国。

③ 年齢の尋ね方と答え方

　　　　　　　　　　　　　Nǐ　jǐsuì　le?　　　　Wǒ　qīsuì　le.
①十歳以下の場合　　　：你　**几岁**　了?　　　我　**7岁**　了。

　　　　　　　　　　　　　　Nǐ　duōdà　le?　　　　Wǒ　jīnnián sānshísuì le.
②十歳以上、大人の場合：你　**多大**　了?　　　我　今年　**30岁**　了。

　　　　　　　　　　　　Nín　duōdà　niánjì / duōdà　suìshu　le?　　　Wǒ　liùshísuì　le.
③年配者の場合　　　：您　**多大　年纪 / 多大　岁数**　了?　　　我　**60岁**　了。

☞ 中国語は推測される相手の年齢によって尋ねる表現が異なる。

> **名詞述語文**：時刻、曜日、日付、年齢、金額に関する文は、「是」を省略して名詞述語文になる場合が多い。ただし、**否定文の場合は、「是」を省略する**ことができない。
>
> 例：今天不是星期天，是星期六。

④ 「了」の用法

　　　　　　　　　　　　　　　　　　　Wǒ　shíjiǔsuì　le.
①**変化**を表す　「文＋**了**」〜になった　　我　19岁　**了**。

　　　　　　　　　　　　　　　　　　　Míngtiān xiūxi,　tài　hǎo　le!
②**語気**を表す　「文〜**了**」〜ね、よ、わ　明天　休息，太　好　**了**!　　*休息／休む

③**完了**を表す　「文〜**了**」/「動詞＋**了**＋数量詞／長い目的語」〜した

　　　　　　Tā　lái　le.　　　　　Wǒ　mǎi　le　liǎng　ge　(miànbāo).
肯定文：他　来　**了**。　　　我　买　**了**　两　个　（面包）。

　　　　　　Língmù chī fàn　le.　　　XiǎoWáng chī　le　miàntiáo hé　jiǎozi.
　　　　　铃木　吃　饭　**了**。　　　小王　　吃　**了**　面条　和　饺子。　　***面条**／麺類

　　　　　　Tā　méi (yǒu)　lái.　　　Língmù　méi (yǒu)　chī　fàn.
否定文：他　**没（有）**　来。　　　铃木　**没（有）**　吃　饭。

☞ 否定文は、「**了**」をつけない。

49

練習問題

1. ピンインを漢字に直し、日本語に訳しなさい。

　(1) Jīntiān xīngqījǐ?
　　　✎ _____　　✎ _____

　(2) Nǐ jīnnián duōdà le?
　　　✎ _____　　✎ _____

　(3) Nǐ de shēngri jǐyuè jǐhào?
　　　✎ _____　　✎ _____

　(4) Wǒ mǎi le yí ge shēngri lǐwù.
　　　✎ _____　　✎ _____

　(5) Wǒ xīngqītiān bú qù dàxué.
　　　✎ _____　　✎ _____

2. 正しい語順に並べ替えなさい。

　(1) 星期天　明天　不　是
　　　✎ _____　　（明日は日曜日ではありません。）

　(2) 多大岁数　你奶奶　今年　了
　　　✎ _____　　（お婆さんは今年お幾つですか。）

　(3) 一个　礼物　我　朋友　给　买　了
　　　✎ _____　　（友達はプレゼントを一つ買ってくれました。）

　(4) 了　她　今年　20岁
　　　✎ _____　　（彼女は今年二十歳になりました。）

　(5) 去　11月5号　我们　中国
　　　✎ _____　　（私たちは11月5日中国に行きます。）

3. 中国語に訳しなさい。

　(1) 今日は何曜日ですか。　　　　　　✎ _____

　(2) お誕生日は何月何日ですか。　　　✎ _____

　(3) 私は今年二十歳になりました。　　✎ _____

　(4) 昨日私は図書館に行きました。　　✎ _____

　(5) 私はコーヒー一杯とパン一つを買いました。　✎ _____

　　　　　　　　　　　　　　　　　＊咖啡 kāfēi／コーヒー

50

中検（準4級）の合格を目指そう！

グループ単語 （「上」と「下」）（♪ 59）

shàngkè 上课 （授業にでる、授業を始める）	shàngbān 上班 （出勤する）	shàng (ge) xīngqī 上（个）星期 （先週）	shànggeyuè 上个月 （先月）
xiàkè 下课 （授業が終わる）	xiàbān 下班 （仕事が終わる）	xià (ge) xīngqī 下（个）星期 （来週）	xiàgeyuè 下个月 （来月）

リスニング練習 （♪ 60）

発音を聞いて中国語ではどのように言うのが最も適当か①～④の中から一つ選びなさい。

(1) 曜日を聞くとき　　① Xīngqīyī.　　② Xīngqījǐ?　　③ Jǐsuì le?　　④ Duōdà niánjì?

(2) 年齢を尋ねるとき　① Duōdà le?　　② Jǐgerén?　　③ Xiànzài jǐdiǎn?　④ Jǐyuè jǐhào?

(3) 先週の火曜日　　① shàngxīngqī'èr　② xiàxīngqī'èr　③ shàngxīngqīsān　④ xiàxīngqīsān

(4) 来週の日曜日　　① shàngxīngqītiān　② xiàxīngqītiān　③ shàngxīngqīyī　④ xiàxīngqīyī

(5) 来月　　　　　　① shànggexīngqī　② xiàgeyuè　　③ shànggeyuè　　④ xiàgexīngqī

簡 体 字 ✎

给　✎ ＿＿＿＿　＿＿＿＿　＿＿＿＿　＿＿＿＿　（给→給）

岁　✎ ＿＿＿＿　＿＿＿＿　＿＿＿＿　＿＿＿＿　（岁→歳）

補 充

马车　✎ ＿＿＿＿　＿＿＿＿　＿＿＿＿　＿＿＿＿　＿＿＿＿　（馬車）

头脑　✎ ＿＿＿＿　＿＿＿＿　＿＿＿＿　＿＿＿＿　＿＿＿＿　（頭脳）

买卖　✎ ＿＿＿＿　＿＿＿＿　＿＿＿＿　＿＿＿＿　＿＿＿＿　（売買）

鸟岛　✎ ＿＿＿＿　＿＿＿＿　＿＿＿＿　＿＿＿＿　＿＿＿＿　（鳥島）

热风　✎ ＿＿＿＿　＿＿＿＿　＿＿＿＿　＿＿＿＿　＿＿＿＿　（熱風）

电报　✎ ＿＿＿＿　＿＿＿＿　＿＿＿＿　＿＿＿＿　＿＿＿＿　（電報）

第9课　一共　多少钱？
Dì jiǔ kè　Yígòng duōshaoqián?

课文 kèwén （♪ 61）

A：您 要 什么？
　　Nín yào shénme?

B：我 要 一 杯 咖啡。
　　Wǒ yào yì bēi kāfēi.

A：要 热 的，还是 要 凉 的？
　　Yào rè de, háishì yào liáng de?

B：要 热 的。再 要 一 个 面包。
　　Yào rè de. Zài yào yí ge miànbāo.

A：请 等 一下。
　　Qǐng děng yíxià.

B：一共 多少 钱？
　　Yígòng duōshao qián?

A：一共 三十 块。
　　Yígòng sānshí kuài.

B：这 是 一百 块。
　　Zhè shì yìbǎi kuài.

A：找 您 七十 块。
　　Zhǎo nín qīshí kuài.

生词 shēngcí （♪ 62）

一共	yígòng	合わせて、全部で
多少钱	duōshaoqián	いくら
要	yào	要る、ほしい、ください
热的	rède	熱いもの
还是	háishì	それとも
凉的	liángde	冷たいもの
再	zài	さらに、また
等	děng	待つ
一下	yíxià	ちょっと〜する
块	kuài	元、中国のお金の単位
找	zhǎo	釣り銭を返す

学習ポイント

① 選択疑問文「还是」

| 選択内容 A | + 还是 + | 選択内容 B | 〜それとも〜 |

問：你 喝 咖啡 还是 （喝） 茶？　　　答：我 喝 茶。　　*喝 / 飲む
　　Nǐ　hē　kāfēi　háishì　(hē)　chá?　　　　Wǒ　hē　chá.

問：你 是 一年级 还是 二年级？　　　答：我 是 一年级。　　*年级 / 〜年生
　　Nǐ shì yīniánjí háishì èrniánjí?　　　　Wǒ shì yīniánjí.

☞ 「还是」の選択疑問文には、「吗」はつけない。

☞ 動詞「是」の場合では、選択内容 B に「是」は要らない。

② 動詞のかさね型 「ちょっと〜する」

一文字　　看看　　　　看一看　　　看一下
　　　　　kànkan　　　kànyíkàn　　kànyíxià

　　　　　问问　　　　问一问　　　问一下　　*问 / 尋ねる、問う
　　　　　wènwen　　　wènyíwèn　　wènyíxià

二文字　　休息休息　　×　　　　　休息一下
　　　　　xiūxixiūxi　　　　　　　xiūxi yíxià

　　　　　练习练习　　×　　　　　练习一下　　*练习 / 練習する
　　　　　liànxíliànxí　　　　　　liànxí yíxià

③ 金額の言い方

　　中国の通貨の基本単位は「元」。　例：2.38 元

文章：元　　角　　分　　　　两 元 三 角 八 （分）
　　　yuán　jiǎo　fēn　　　　liǎng yuán sān jiǎo bā (fēn)

会話：块　　毛　　分　　　　两 块 三 毛 八 （分）
　　　kuài　máo　fēn　　　　liǎng kuài sān máo bā (fēn)

☞ 中国通貨の換算：1 元 = 10 角 = 100 分
　　　　　　　2 块と 2000 块は「两块」と「两千块」、20 块は「二十块」と言う。
　　　　　　　200 块は「二百块」（○）とも「两百块」（△）とも言う。

● 値段の尋ね方

多少钱？　　一个 多少钱？　　这个 多少钱？　　*这个 （これ / この）
Duōshaoqián?　Yíge duōshaoqián?　Zhège duōshaoqián?

☞ 「这」が主語の場合は「是」を省略することができない。

　　例：这是 100 块。

練習問題

1. ピンインを漢字に直し、日本語に訳しなさい。

   (1) Zhège duōshao qián?
   ✎ _____   ✎ _____

   (2) Wǒ yào yì bēi niúnǎi.   *牛奶 niúnǎi ／ミルク
   ✎ _____   ✎ _____

   (3) Yígòng sān bǎi kuài.
   ✎ _____   ✎ _____

   (4) Qǐng děng yíxià.
   ✎ _____   ✎ _____

   (5) Kāfēi liǎng kuài wǔ(máo).
   ✎ _____   ✎ _____

2. 正しい語順に並べ替えなさい。

   (1) 凉的　还是　你　要　热的
   ✎ _____　（熱いものにしますかそれとも冷たいものにしますか。）

   (2) 是　日本人　她　中国人　还是
   ✎ _____　（彼女は日本人ですかそれとも中国人ですか。）

   (3) 什么　要　您
   ✎ _____　（何か欲しいですか。）

   (4) 想　我　一下　休息
   ✎ _____　（私はちょっと休みたい。）

   (5) 我　要　再　面包　一个
   ✎ _____　（あとパンを一つください。）

3. 中国語に訳しなさい。

   (1) これはいくらですか。　✎ _____

   (2) コーヒーを二杯ください。　✎ _____

   (3) 中華料理を食べますかそれとも日本料理を食べますか。
   　　　　　　　　　*中国菜 Zhōngguócài　　*日本菜 Rìběncài
   ✎ _____

   (4) ちょっと練習してみましょう。　✎ _____

   (5) パソコンは 2008 元です。（漢数字で）　✎ _____

中検（準4級）の合格を目指そう！

グループ単語　名詞（食べ物、飲み物）（♪ 63）

jiǎozi 饺子（餃子）	bāozi 包子（蒸しまん）	miàntiáo 面条（麺類）	miànbāo 面包（パン）	diǎnxīn 点心（菓子）
kāishuǐ 开水（湯）	niúnǎi 牛奶（ミルク）	píjiǔ 啤酒（ビール）	hóngchá 红茶（紅茶）	kāfēi 咖啡（コーヒー）
shuǐguǒ 水果（果物）	píngguǒ 苹果（りんご）	xiāngjiāo 香蕉（バナナ）	xīguā 西瓜（スイカ）	júzi 橘子（みかん）

簡体字 ✎

钱　✎　＿＿＿＿　＿＿＿＿　＿＿＿＿　＿＿＿＿　（钱→錢）
角　✎　＿＿＿＿　＿＿＿＿　＿＿＿＿　＿＿＿＿　（角→角）

人民币

＊人民币 rénmínbì ／人民元

元 yuán

角 jiǎo

分 fēn

＊**硬币** yìngbì ／コイン

第 10 课　大学 里 有 书店
Dì shí kè　Dàxué li yǒu shūdiàn

课文 kèwén (♪ 64)

A：大学 里 有 书店 吗？
　　Dàxué li yǒu shūdiàn ma?

B：有 一 家 小 书店。
　　Yǒu yì jiā xiǎo shūdiàn.

A：书店 在 哪儿？
　　Shūdiàn zài nǎr?

B：在 图书馆 旁边。
　　Zài túshūguǎn pángbiān.

A：我 想 去 买 电子词典。
　　Wǒ xiǎng qù mǎi diànzǐcídiǎn.

B：书店 有 很 好 的 词典。
　　Shūdiàn yǒu hěn hǎo de cídiǎn.

A：是 吗？ 贵 不贵？
　　Shì ma? Guì buguì?

B：不太 贵。
　　Bútài guì.

生词 shēngcí (♪ 65)

里	li	〜（の中）に
书店	shūdiàn	本屋
〜家	jiā	〜軒
在	zài	〜にいる（ある）
旁边	pángbiān	〜隣に
电子词典	diànzǐcídiǎn	電子辞書
的	de	形容詞と動詞が名詞を修飾する場合は「的」でつなぐ。
贵	guì	（値段が）高い

学習ポイント

① 存在を表す「有」と「在」

| 場所 + **有** + 人・物 | ～がいる（ある） | 主語（人・物）+ **在** + 場所 | ～にいる（ある） |

肯定文： Jiàoshì li yǒu rén.
教室 里 有 人。
　　　*教室／教室

Wǒ de shǒujī zài zhuōzi shang.
我 的 手机 在 桌子 上。 ＊**桌子**／机
　　　　　　　*手机／携帯電話　　*～上／～の上に

否定文： Jiàoshì li méi(yǒu) rén.
教室 里 没(有) 人。

Wǒ de shǒujī búzài zhuōzi shang.
我 的 手机 不在 桌子 上。

疑問文： Jiàoshì li yǒu rén ma?
教室 里 有 人 吗?

Wǒ de shǒujī zài nǎr?
我 的 手机 在 哪儿?

☞ 動詞の前後が場所を示す語のときは、大きい方を場所語に。　例：**大学**有书店。
☞ 指示代名詞(p.43)の「**这里**」などと方位詞(p.57)の「**旁边**」などを場所語に。　例：书店在**哪儿**?

②「的」の用法（2）

形容詞： 形容詞（句）+ **的** + 名詞

例： hěn hǎo de chéngjì　　　kě'ài de xióngmāo
　　 很 好 **的** 成绩　　　　可爱 **的** 熊猫
　　　　*成绩／成績　　*可爱／かわいい　*熊猫／パンダ

　　 Nàli yǒu yì zhī kě'ài de xióngmāo.
例： 那里 有 一 只 可爱 **的** 熊猫。　*～只／～匹、頭

●一字の形容詞の場合は、「**的**」を省略する。

　　 xiǎo huā　　xīn shū　　hǎo rén
例： 小 花　　　新 书　　　好 人
　　 *花／花　　*新／新しい

動詞： 動詞 + **的** + 名詞

　　 chī de fàn　　mǎi de diànnǎo　　kàn de diànyǐng
例： 吃 **的** 饭　　买 **的** 电脑　　　看 **的** 电影

　　 Zuótiān kàn de diànyǐng hěn yǒuyìsi.
例： 昨天 看 **的** 电影 很 有意思。　*有意思／おもしろい

☞ 形容詞、動詞が名詞の修飾語となるときは、「**的**」でつなぐ。

③ 連動文（2）「～しに行く」と「～しに来る」の「去」と「来」

| 主語 + **去／来**（動詞₁）(+ 場所) + 動詞₂ + 目的語 | ～しに行く、～しに来る |

　　 Wǒmen qù kàn diànyǐng.　　Tiánzhōng lái wǒ jiā wánr.
　　 我们 **去** 看 电影。　　　 田中 **来** 我 家 玩儿。　*玩儿／遊ぶ

57

練習問題

1. ピンインを漢字に直し、日本語に訳しなさい。

   (1) Dàxué li yǒu shūdiàn ma?

   (2) Wǒ xiǎng qù mǎi diànzǐcídiǎn.

   (3) Shūdiàn zài nǎr?

   (4) Zhè shì yì běn hěn hǎo de cídiǎn.

   (5) Wǒmen míngtiān qù kàn diànyǐng ba.

2. 正しい語順に並べ替えなさい。

   (1) 在　车站　大学　旁边
   　　　　　　　　　　　　　　　　　　　　（大学は駅の隣にあります。）

   (2) 茶　冰箱　里　有　　　　　　　*冰箱 bīngxiāng ／冷蔵庫
   　　　　　　　　　　　　　　　　　　　　（冷蔵庫の中にお茶があります。）

   (3) 课本　的　你　桌子　在　上
   　　　　　　　　　　　　　　　　　　　　（あなたのテキストは机の上にあります。）

   (4) 电影　昨天　有意思　的　看　很
   　　　　　　　　　　　　　　　　　　　　（昨日見た映画はとても面白かったです。）

   (5) 买　中文词典　去　我们　吧　　　*中文 Zhōngwén/ 中国語
   　　　　　　　　　　　　　　　　　　　　（私たちは中国語の辞書を買いに行きましょう。）

3. 中国語に訳しなさい。

   (1) 図書館は本屋の隣にあります。

   (2) 私の携帯はどこにありますか。

   (3) あなたは電子辞書を持っていますか。

   (4) 大学に大きな本屋がありません。

   (5) あそこにかわいいパンダがいます。

中検（準4級）の合格を目指そう！

グループ単語　（方位詞）（♪ 66）

pángbiān(r) 旁边(儿) (隣、そば)	duìmiàn 对面 (向かい側)	fùjìn 附近 (付近)	dōngbianr 东边儿 (東、東の方)
qiánbianr 前边儿 (前、前の方)	hòubianr 后边儿 (後、後の方)	lǐbianr 里边儿 (中、中の方)	wàibianr 外边儿 (外、外の方)
shàngbianr 上边儿 (上、上の方)	xiàbianr 下边儿 (下、下の方)	zuǒbianr 左边儿 (左、左の方)	yòubianr 右边儿 (右、右の方)

筆記練習

1．日本語の意味になるよう空欄を埋めるとき、適当なものを①～④から一つ選びなさい。

(1) 彼の本はソファーの上にあります。　他的书（　）沙发上。　①有　②在　③放　④置
　　　　　　　　　　　　　　　　　　　　*沙发 shāfā/ ソファー

(2) 教室に学生が2人います。　　　　　　教室里（　）两个学生。①有　②在　③是　④少

(3) ここは郵便局がありません。　　　　　这儿（　）邮局。①不有　②不在　③不是　④没有

(4) 鈴木さんと王さんは教室にいません。铃木和小王（　）教室里。
　　　　　　　　　　　　　　　　　　　　　　①没有　②不有　③不在　④不是

(5) 図書館は食堂の後ろにあります。　　图书馆（　　　）食堂后边。
　　　　　　　　　　　　　　　　　　　　　　①是　　②在　　③有　　④还

2．日本語の意味に合う中国語を、それぞれ①～④の中から一つ選びなさい。

(1) 寄宿舎は学校の近くにあります。　　*宿舍 sùshè/ 寄宿舎

　　①宿舍学校附近在。　②宿舍学校在附近。　③宿舍在学校附近。　④宿舍在附近学校。

(2) わたしの家は駅のそばにあります。

　　①我在家车站旁边。　②我在车站旁边家。　③我家在车站旁边。　④我家在旁边车站。

(3) お財布にお金がありません。　　*钱包 qiánbāo/ 財布

　　①钱包里没有钱。　②钱没有钱包里。　③钱包里钱没有。　④钱包没有钱里。

(4) 学校の向かい側に本屋があります。

　　①学校有对面书店。　②学校有书店对面。　③学校对面有书店。　④书店有学校对面。

(5) これは私が買った服です。

　　①这是我的买衣服。　②这衣服买的是我。　③这是我买的衣服。　④这衣服买是我的。

第 11 课　我 去 过 中国
Dì shíyī kè　Wǒ qù guo Zhōngguó

课文 kèwén (♪ 67)

A：你 会 说 汉语 吗？
　　Nǐ huì shuō Hànyǔ ma?

B：会 说 一点儿。
　　Huì shuō yìdiǎnr.

A：你 去 过 中国 吗？
　　Nǐ qù guo Zhōngguó ma?

B：我 去 过 中国。
　　Wǒ qù guo Zhōngguó.

A：你 是 什么时候 去 的？
　　Nǐ shì shénmeshíhou qù de?

B：我 是 去年 暑假 去 的。
　　Wǒ shì qùnián shǔjià qù de.

A：你 喜欢 旅游 吗？
　　Nǐ xǐhuan lǚyóu ma?

B：非常 喜欢。
　　Fēicháng xǐhuan.

生词 shēngcí (♪ 68)

过	guo	したことがある
会	huì	～できる
说	shuō	話す
一点儿	yìdiǎnr	少し
什么时候	shénmeshíhou	いつ
是～的	shì~de	～したのである
去年	qùnián	去年
暑假	shǔjià	夏休み
喜欢	xǐhuan	好きである
旅游	lǚyóu	旅行（する）
非常	fēicháng	非常に

学習ポイント

① 助動詞(2)

● 「会」huì

| 会 + 動詞 | ～ができる（**学習**によって身につけた**能力**（言語・スポーツ・技能）に使う。） |

Wǒ huì shuō Zhōngwén.　　Xiǎo Wáng bú huì kāichē.　　Nǐ huì yóuyǒng ma?
我　会　说　中文。　　小　王　不　会　开车。　　你　会　游泳　吗？　***游泳** / 泳ぐ

☞ 「会」は動詞としても使う。　你**会**汉语吗？　⇨　我**会**（汉语）。

● 「能」néng

| 能 + 動詞 | ～ができる（**客観的**な**条件**が備わってできる能力に使う。） |

①環境などの状況による条件　　Zhèli néng tíngchē.
　　　　　　　　　　　　　　这里　能　停车。　　　　***停车** / 駐車する

②身体的な条件　　Jīntiān wǒ gǎnmào le, bù néng shàngkè.
　　　　　　　　今天　我　感冒　了，不　能　上课。

***感冒** / 風邪　　**上课** / 授業に出る

● 「可以」kěyǐ

| 可以 + 動詞 | ～してもいい |

Zhèli kěyǐ tíngchē.　　Nàli bù kěyǐ chōuyān. / Nàli bù néng chōuyān.
这里　可以　停车。　　那里　不　可以　抽烟。 / 那里　不　能　抽烟。

***抽烟** / タバコを吸う

② 経験を表す「过」

肯定文： | 主語 + 動詞 + 过 + 目的語 |　～をしたことがある

Wǒ xué guo Hànyǔ.
我　学　过　汉语。　***学** / 学ぶ

否定文： | 主語 + 没(有) + 動詞 + 过 + 目的語 |　Wǒ méi(yǒu) xué guo Hànyǔ.
　　　　　　　　　　　　　　　　　　　　　我　没(有)　学　过　汉语。

疑問文： | 主語 + 動詞 + 过 + 目的語 + 吗 |　Nǐ xué guo Hànyǔ ma?
　　　　　　　　　　　　　　　　　　　你　学　过　汉语　吗？

☞ 「过」の否定は「没有」を使い、「不」は使わない。「没有」の「有」は省略できる。

③ 「(是)～的」の文

| 主語 + (是) + (時間・場所・人物・手段など) + 動詞 + 的 |　～したのである

　　　　Zuǒténg (shì) qùnián lái Běijīng de.
時間：佐藤　(是)　去年　来　北京　的。　　　***佐藤** / 佐藤　***北京** / 北京

　　　　Xiǎo Lǐ (shì) zài Rìběn mǎi de.
場所：小　李　(是)　在　日本　买　的。　　　***小李** / 李さん

☞ 肯定文では「是」は省略できる。

61

練習問題

1. ピンインを漢字に直し、日本語に訳しなさい。

   (1) Nǐ huì shuō Hànyǔ ma?

   ✎ _____ ✎ _____

   (2) Wǒ huì shuō yìdiǎnr zhōngwén.

   ✎ _____ ✎ _____

   (3) Tiánzhōng shì zuótiān lái de.   *田中 Tiánzhōng ／田中

   ✎ _____ ✎ _____

   (4) Zhèli bù néng tíngchē.

   ✎ _____ ✎ _____

   (5) Wǒ méi qù guo Zhōngguó.

   ✎ _____ ✎ _____

2. 正しい語順に並べ替えなさい。

   (1) 可以　抽烟　这儿　吗

   ✎ _____ （ここは煙草を吸っていいですか。）

   (2) 你　开车　会　吗

   ✎ _____ （あなたは車の運転ができますか。）

   (3) 田中　什么时候　的　去

   ✎ _____ （田中さんはいつ行ったのですか。）

   (4) 喝　我　酒　能　了　不　开车   *酒 jiǔ ／お酒

   ✎ _____ （私はお酒を飲んだので、車の運転ができません。）

   (5) 我　过　学　中文。

   ✎ _____ （私は中国語を学んだことがあります。）

3. 中国語に訳しなさい。

   (1) あなたは中国語ができますか。　　✎ _____

   (2) 教室の中でたばこを吸ってはいけません。　✎ _____

   (3) 私は中国語を学んだことがありません。　✎ _____

   (4) 彼は去年中国に行ったのです。　　✎ _____

   (5) 李さんは旅行が好きですか。　　　✎ _____

中検（準４級）の合格を目指そう！

グループ単語　動詞句 2 （♪ 69）

kàn 看（読む・見る）	shū 书（本）	bào(zhǐ) 报(纸)（新聞）	diànshì 电视（テレビ）
shuō 说（話す）	huà 话（話）	Hànyǔ 汉语（中国語）	Rìyǔ 日语（日本語）
xiě 写（書く）	zì 字（字）	hànzì 汉字（漢字）	xiǎoshuō 小说（小説）
tīng 听（聞く）	yīnyuè 音乐（音楽）	wàiyǔ 外语（外国語）	gùshi 故事（物語）
wèn 问（問う、質問する）	wèntí 问题（問題）	lù 路（道）	
dǎ 打（する）	bàngqiú 棒球（野球）	diànhuà 电话（電話）	
huá 滑（滑る）	xuě 雪（雪） （スキー）	bīng 冰（氷） （アイススケート）	

☞　比較：滑（中国語／12 画）；滑（日本語／13 画）

筆記練習

1. 中国語の正しいピンイン表記を、それぞれ①〜④の中から一つ選びなさい。

(1) 说　　　① shū　　　② shuō　　　③ duō　　　④ guò

(2) 写　　　① xiě　　　② jiě　　　③ xuě　　　④ yuè

(3) 音乐　　① yīnxiǎng　② yínháng　③ kuàilè　　④ yīnyuè

(4) 问题　　① wéntǐ　　② méngǒu　　③ wèntí　　④ wènlù

(5) 电话　　① diànhuà　② shuōhuà　③ diànyǐng　④ diànshì

2. 日本語の意味になるよう空欄を埋めるとき、適当なものを①〜④から一つ選びなさい。

(1) これはどんな雑誌ですか。　这是（　　）杂志?　　　①几　②谁　③什么　④何

(2) もう一度言ってください。　请你（　　）说一遍。　　①还　②在　③再　④也

(3) この服は鈴木さんのです。　这（　　）衣服是铃木的。①个　②张　③枚　④件

(4) あなたは留学生でしょう。　你是留学生（　　）?　　①吧　②吗　③呢　④呀

(5) 今は何時ですか。　　　　　现在几（　　）?　　　　①时间　②小时　③点　④时

63

第12课　我在做作业呢
Dì shí'èr kè　Wǒ zài zuò zuòyè ne

课文 kèwén (♪ 70)

（打电话 dǎ diànhuà）

A：喂，你在干什么呢?
　　Wéi, nǐ zài gàn shénme ne?

B：我在做汉语作业呢。
　　Wǒ zài zuò Hànyǔzuòyè ne.

A：还要多长时间?
　　Hái yào duōchángshíjiān?

B：还要半个小时。
　　Hái yào bàn ge xiǎoshí.

A：汉语比英语难吗?
　　Hànyǔ bǐ Yīngyǔ nán ma?

B：汉语没有英语难。
　　Hànyǔ méi you Yīngyǔ nán.

A：汉语有意思吗?
　　Hànyǔ yǒuyìsi ma?

B：很有意思。
　　Hěn yǒuyìsi.

生词 shēngcí (♪ 71)

在	zài	～している
做	zuò	する、やる
呢	ne	～している
打	dǎ	する、やる
电话	diànhuà	電話
喂	wéi	もしもし
干	gàn	する、やる

要	yào	（～時間が）かかる
多长时间	duōchángshíjiān	どのくらいの時間
小时	xiǎoshí	～時間
比	bǐ	～より
英语	Yīngyǔ	英語
有意思	yǒuyìsi	面白い

学習ポイント

① 現在進行形

肯定文： 主語＋**在**＋動詞＋目的語＋**呢**　　〜している

XiǎoLǐ zài kàn diànshì ne.　　XiǎoLǐ zài kàn diànshì.　　XiǎoLǐ kàn diànshì ne.
小李 **在** 看 电视 **呢**。　　小李 **在** 看 电视。　　小李 看 电视 **呢**。

☞ **在**〜**呢**はどちらも片方を省略できる。

否定文： 主語＋**没(有)(在)**＋動詞＋目的語　　〜をしていない

XiǎoLǐ méi(yǒu) (zài) kàn diànshì.
小李 **没(有)(在)** 看 电视。

疑問文： 主語＋**在**＋動詞＋目的語＋**呢／吗**　　〜をしていますか

Nǐ zài gàn shénme ne?　　Nǐ zài zuò zuòyè ma?
你 **在** 干 什么 **呢?**　　你 **在** 做 作业 **吗?**

② 時量（時間の長さ）詞

fēnzhōng	xiǎoshí	tiān	xīngqī	geyuè	nián
～分钟	～小时	～天	～星期	～个月	～年
（〜分間）	（〜時間）	（〜日間）	（〜週間）	（〜ヶ月）	（〜年間）

shífēnzhōng	bàn (ge) xiǎoshí	liǎngtiān	yí (ge) xīngqī	liǎnggeyuè	sānnián
十分钟	半（个）小时	两天	一（个）星期	两个月	三年

☞ 「2」の場合、「**两**」を使う；「**个**」が入るか入らないかが要注意。

●時量詞の語順　主語＋動詞＋**時量詞**＋目的語

Tā měitiān xuéxí yíge xiǎoshí Hànyǔ.　　Wǒ tīng le sānshífēnzhōng yīnyuè.
他 每天 学习 **一个 小时** 汉语。　　我 听 了 **三十分钟** 音乐。

*听／聞く　**音乐**／音楽

③ 比較の表現

(1) A **比** B 〜　　AはBより〜
　　Hànyǔ bǐ Yīngyǔ nán.
　　汉语 **比** 英语 难。

(2) A **没有** B 〜　　AはBほど〜ではない
　　Hànyǔ méi yǒu Yīngyǔ nán.
　　汉语 **没 有** 英语 难。

(3) A **跟** B **一样** 〜　　AはBと同じ〜
　　Hànyǔ gēn Yīngyǔ yíyàng nán.
　　汉语 **跟** 英语 **一样** 难。

(4) A **跟** B **不一样**　　AはBと同じではない
　　Wǒ de àihào gēn tā de bù yíyàng.
　　我 的 爱好 **跟** 他 的 **不 一样**。

*爱好／趣味

65

練習問題

1. ピンインを漢字に直し、日本語に訳しなさい。

   (1) Wǒ zài zuò zuòyè ne.
   ✎ _____ ✎ _____

   (2) Hànyǔ méi you Yīngyǔ nán.
   ✎ _____ ✎ _____

   (3) Nǐ zài gàn shénme?
   ✎ _____ ✎ _____

   (4) Nǐ zài kàn diànshì ma?
   ✎ _____ ✎ _____

   (5) Hànyǔ gēn Yīngyǔ yíyàng yǒuyìsi.
   ✎ _____ ✎ _____

2. 正しい語順に並べ替えなさい。

   (1) 他　忙　没有　我
   ✎ _____（私は彼ほど忙しくない。）

   (2) 你　什么　干　呢
   ✎ _____（あなたは何をしていますか。）

   (3) 还　两个小时　要
   ✎ _____（あと2時間かかります。）

   (4) 人口　北京　东京　多　比　的　　*人口 rénkǒu、 东京 Dōngjīng
   ✎ _____（北京の人口は東京より多い。）

   (5) 他　田中　爱好　一样　的　跟　的
   ✎ _____（田中さんの趣味は彼のと同じです。）

3. 中国語に訳しなさい。

   (1) 彼女は何をしていますか。　✎ _____

   (2) 李さんはテレビを見ています。　✎ _____

   (3) 今日は昨日より暑いですか。　✎ _____

   (4) 明日は今日ほど寒くない。　✎ _____

   (5) 私のテレビは彼のと同じではありません。　✎ _____

中検（準4級、4級へ）の合格を目指そう！

3つの「在」について

品詞	意味	例文	訳文
動詞	～にある（いる）	他的书**在**桌子上。	彼の本は机の上にある。
前置詞	で、に	我们**在**图书馆学习。	私たちは図書館で勉強する。
副詞	～している	铃木**在**打电话呢。	鈴木さんは電話をしている。

リスニング練習 （♪72）

発音を聞いて(1)～(5)の場合中国語でどのように言うのが適当か①～④から一つ選びなさい。

(1) 6 時	① liùshí	② liùge	③ liùdiǎn	④ liùhào
(2) 2 時間	① èrshí	② liǎngdiǎn	③ èrshíge xiǎoshí	④ liǎngge xiǎoshí
(3) 2 日間	① liǎngtiān	② liǎngdiǎn	③ liǎngnián	④ èrhào
(4) 1 ヶ月	① yīyuè	② yígeyuè	③ yìtiān	④ yìdiǎn
(5) 授業が終わる	① xiàbān	② shàngkè	③ xiàkè	④ xiàbān

(解答：91 頁)

筆記練習

日本語の意味に合う中国語を、それぞれ①～④の中から一つ選びなさい。

(1) 私は毎日 12 時に寝ます。
　　*睡觉 shuìjiào/ 寝る
①我都每天 12 点睡觉。　②我每天都 12 点睡觉。
③我每天都睡觉 12 点。　④每天都我 12 点睡觉。

(2) 彼は一時間テレビを見た。
①他看了一个小时电视。　②他看一个小时电视了。
③他一个小时看了电视。　④他看一个小时了电视。

(3) 東京は北京ほど寒くない。
①东京北京冷没有。　②北京没有东京冷。
③东京北京没有冷。　④东京没有北京冷。

(4) あなたは何をしていますか。
①你在干什么呢?　②你干在什么呢?
③你在什么干呢?　④你干什么在呢?

(5) この服はあれと同じようにきれいだ。
　　*好看 hǎokàn/ きれいだ
①这件衣服和那件好看一样。　②这件衣服那件和一样好看。
③这件衣服和那件一样好看。　④这件和那件一样衣服好看。

簡体字

时　＿＿＿＿ ＿＿＿＿ ＿＿＿＿ ＿＿＿＿ ＿＿＿＿ （时→時）
间　＿＿＿＿ ＿＿＿＿ ＿＿＿＿ ＿＿＿＿ ＿＿＿＿ （间→間）
长　＿＿＿＿ ＿＿＿＿ ＿＿＿＿ ＿＿＿＿ ＿＿＿＿ （长→長）
爱　＿＿＿＿ ＿＿＿＿ ＿＿＿＿ ＿＿＿＿ ＿＿＿＿ （爱→愛）

第 13 课　　我 家 离 大学 不太 远
Dì shísān kè　　Wǒ jiā lí dàxué bútài yuǎn

课文 kèwén (♪ 73)

A: 你 是 从 哪儿 来 的?
　　Nǐ shì cóng nǎr lái de?

B: 我 是 从 日本 来 的。
　　Wǒ shì cóng Rìběn lái de.

A: 你 家 在 哪儿?
　　Nǐ jiā zài nǎr?

B: 我 家 在 东京。
　　Wǒ jiā zài Dōngjīng.

A: 你 家 离 大学 远 吗?
　　Nǐ jiā lí dàxué yuǎn ma?

B: 我 家 离 大学 不太 远。
　　Wǒ jiā lí dàxué bútài yuǎn.

A: 你 每天 怎么 上学?
　　Nǐ měitiān zěnme shàngxué?

B: 我 坐 电车 上学, 你 呢?
　　Wǒ zuò diànchē shàngxué, Nǐ ne?

A: 我 坐 地铁 上学。
　　Wǒ zuò dìtiě shàngxué.

生词 shēngcí (♪ 74)

离	lí	～から（2つの場所の間の距離）
远	yuǎn	遠い
从	cóng	～から（起点）

怎么	zěnme	どのように、どうして
上学	shàngxué	通学する、学校に行く
地铁	dìtiě	地下鉄

学習ポイント

1 前置詞 (2)

●常用前置詞

前置詞	意味	例文	例文の日本語訳
从〜 cóng	〜から	汉语课**从**十点开始。	中国語の授業は10時から始まる。
到〜 dào	〜まで、に	他**到**上海出差。	彼は上海に出張する。
离〜 lí	〜から	大学**离**车站很远。	大学は駅から非常に遠い。
从〜到〜 cóng~dào~	〜から〜まで	**从**东京**到**北京要多长时间？	東京から北京までどのくらいの時間がかかりますか？

***上海** Shànghǎi　　***车站** chēzhàn / 駅　　***出差** chūchāi / 出張する

2 「怎么」と「怎么样」

●「**怎么**」 手段、原因を尋ねる

怎么＋動詞　　動作が行われる**手段**を尋ねる

Nǐ zěnme shàngxué?　　　　　Wǒ zuò diànchē shàngxué.
你 **怎么** 上学？　　　　　　我 坐 电车 上学。

Tā zěnme qù Běijīng?　　　　Tā zuò fēijī qù Běijīng.
他 **怎么** 去 北京？　　　　他 坐 飞机 去 北京。　　***飞机** / 飛行機

怎么＋不／没＋動詞　　原因を尋ねる

XiǎoWáng zěnme méi lái?　　　　XiǎoWáng bìng le.
小王 **怎么 没** 来？　　→　　小王 **病 了**。　　***病** / 病気

Nǐ zěnme bù chī?　　　　Wǒ bǎo le.
你 **怎么 不** 吃？　　→　　我 **饱 了**。　　***饱** / 満腹

●「**怎么样**」 様子、状況を尋ねる

Nǐ de Hànyǔ zěnmeyàng?　　　　Wǒ de Hànyǔ bútài hǎo.
你 的 汉语 **怎么样**？　　　　我 的 汉语 **不太 好**。

Nǐ shēntǐ zěnmeyàng?　　　　Wǒ shēntǐ hěn hǎo.
你 身体 **怎么样**？　　　　我 身体 **很 好**。　　***身体** / 身体

練習問題

1. ピンインを漢字に直し、日本語に訳しなさい。

   (1) Nǐ cóng nǎr lái de?
   ✎ _____ ✎ _____

   (2) Nǐ jiā zài nǎr?
   ✎ _____ ✎ _____

   (3) Wǒ jiā lí dàxué bútài yuǎn.
   ✎ _____ ✎ _____

   (4) Wǒ měitiān zuò dìtiě shàngxué.
   ✎ _____ ✎ _____

   (5) Wǒ xiǎng zuò fēijī qù Běijīng.
   ✎ _____ ✎ _____

2. 正しい語順に並べ替えなさい。

   (1) 车站　大学　离　不　远
   ✎ _____　（大学は駅から遠くない。）

   (2) 要　从　这儿　到　车站　多长时间
   ✎ _____　（ここから駅までどのくらいの時間がかかりますか。）

   (3) 礼物　这个　怎么样
   ✎ _____　（このプレゼントはどうですか。）

   (4) 小李　骑　上学　自行车
   ✎ _____　（李さんは自転車で通学します。）

   (5) 她　去　怎么　大学
   ✎ _____　（彼女はどうやって学校に行きますか。）

3. 中国語に訳しなさい

   (1) 私は中国から来たのです。　✎ _____

   (2) 映画は何時から始まりますか。　✎ _____

   (3) 学校は駅からあまり遠くない。　✎ _____

   ＊学校 xuéxiào/ 学校

   (4) 王先生はどうやって北京に行きますか。　✎ _____

   (5) 私の家から大学まで電車で2時間かかります。　✎ _____

中検（準4級、4級へ）の合格を目指そう！

グループ単語　（国と首都）（♪75）

日本	Rìběn	（日本）	东京	Dōngjīng	（東京）
韩国	Hánguó	（韓国）	首尔	Shǒu'ěr	（ソウル）
美国	Měiguó	（アメリカ）	华盛顿	Huáshèngdùn	（ワシントン）
德国	Déguó	（ドイツ）	柏林	Bólín	（ベルリン）
法国	Fǎguó	（フランス）	巴黎	Bālí	（パリ）
英国	Yīngguó	（イギリス）	伦敦	Lúndūn	（ロンドン）

リスニング練習　（♪76）

発音を聞き、質問文を書きとり、答の文も作りなさい。

(1) ✍ _____　✍ _____

(2) ✍ _____　✍ _____

(3) ✍ _____　✍ _____

(4) ✍ _____　✍ _____

(5) ✍ _____　✍ _____

（解答：91頁）

筆記練習

日本語の意味になるよう空欄を埋めるとき、適当なものを①～④の中から一つ選びなさい。

(1) 東京駅は私の家からとても近い。

　　东京站（　　）我家很近。　　　　　　　　　　　　①在　②从　③离　④到

(2) 私たちはアメリカに出張します。

　　我们（　　）美国出差。　　　　　　　　　　　　　①从　②到　③给　④离

(3) 今日私は大学の食堂で昼食を食べます。

　　今天我（　　）大学的食堂吃午饭。　　　　　　　　①到　②从　③离　④在

(4) 姉は私に一つ誕生日プレゼントを買ってくれました。

　　姐姐（　　）我买了一个生日礼物。　　　　　　　　①给　②在　③到　④从

(5) 日曜日王さんは朝9時からバイトをします。

　　星期天小王（　　）早上9点打工。　　　　　　　　①从　②到　③离　④给

71

第14课　我 得 打工
Dìshísìkè　Wǒ děi dǎgōng

课文 kèwén （♪ 77）

A：你 喜欢 中国菜 吗？
　　Nǐ xǐhuan Zhōngguócài ma?

B：非常 喜欢。
　　Fēicháng xǐhuan.

A：星期天 一起 去 吃，怎么样？
　　Xīngqītiān yìqǐ qù chī, zěnmeyàng?

B：不 行。星期天 我 得 打工。
　　Bù xíng. Xīngqītiān wǒ děi dǎgōng.

A：星期六 可以 吗？
　　Xīngqīliù kěyǐ ma?

B：星期六 没 问题。
　　Xīngqīliù méi wèntí.

A：告诉 我 你 的 电话 号码 吧。
　　Gàosu wǒ nǐ de diànhuà hàomǎ ba.

B：080-1357-2468。
　　Língbālíng-yāosānwǔqī-èrsìliùbā.

A：我 星期六 给 你 打 电话。
　　Wǒ xīngqīliù gěi nǐ dǎ diànhuà.

B：好，我 等 你 的 电话。
　　Hǎo, wǒ děng nǐ de diànhuà.

生词 shēngcí （♪ 78）

得	děi	しなければならない
打工	dǎgōng	アルバイトをする
中国菜	Zhōngguó cài	中華料理
不行	bù xíng	だめだ

可以	kěyǐ	OK、良い
没问题	méi wèntí	大丈夫だ、問題ない
告诉	gàosu	告げる
号码	hàomǎ	番号

学習ポイント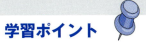

① 助動詞 (3)

主語 + **助動詞** + 動詞 + 目的語

●常用助動詞

助動詞	意　味	例　文	例文の日本語訳
得 děi	～しなければならない	他星期六**得**打工。	彼は土曜日にバイトをしなければならない。
要 yào	～しようとする ～したい	田中**要**去中国留学。	田中さんは中国に留学しに行こうと思う。
打算 dǎsuàn	～するつもり/予定である	寒假我**打算**和铃木一起旅游。	冬休みに私は鈴木さんと一緒に旅行するつもりです。
应该 yīnggāi	～するべきである	你**应该**好好儿学习。	あなたはしっかりと勉強するべきです。

＊**留学** liúxué/ 留学する　　＊**寒假** hánjià/ 冬休み　　＊**好好儿** hǎohāor/ しっかり

② 二重目的語を持つ動詞の文

主語 + **動詞** + ヒト（目的語₁）+ モノ・コト（目的語₂）

Tā　jiāo　wǒmen　Hànyǔ.
她　**教**　我们　汉语。

Gàosu　wǒ　nǐ　de　wēixìn　ba.
告诉　我　你　的　微信　吧。　　＊**微信** / ウィーチャット（wechat）

●二重目的語を持つ主要動詞

動　詞	意　味	例　文	例文の日本語訳
教 jiāo	～に～を教える	王老师**教**我们汉语。	王先生は私たちに中国語を教える。
给 gěi	～に～をくれる/あげる	他**给**我电影票。	彼は私に映画のチケットをくれる。
问 wèn	～に～を尋ねる/聞く	我**问**老师问题。	私は先生に質問をする。
送 sòng	～に～を送る	朋友**送**我生日礼物。	友達は私に誕生日プレゼントを贈る。
告诉 gàosu	～に～を告げる/知らせる	我**告诉**她我的手机号码。	私は彼女に私の携帯の番号を教える。

練習問題

1. ピンインを漢字に直し、日本語に訳しなさい。

   (1) Wǒmen yìqǐ qù chī Zhōngguócài ba.

   (2) Nǐ xǐhuan Rìběncài ma?

   (3) Xīngqītiān wǒ děi dǎgōng.

   (4) Míngtiān bù xíng.

   (5) Wǒ xīngqīyī gěi nǐ dǎ diànhuà.

2. 正しい語順に並べ替えなさい。

   (1) 教　谁　你们　英语
   （だれがあなたたちに英語を教えますか。）

   (2) 去　要　我　中国
   （私は中国に行こうと思います。）

   (3) 打算　我　高桥　一起　和　去
   （私は高橋さんと一緒に行くつもりです。）

   (4) 得　明天　我　上课
   （明日私は授業に出なければなりません。）

   (5) 告诉　吧　我　的　你　手机号码
   （あなたの携帯電話番号を教えてください。）

3. 次の日本語を中国語に訳しなさい。

   (1) 中華料理がお好きですか。

   (2) 私は友達に誕生日プレゼントをあげます。

   (3) 私は土曜日にアルバイトしなければなりません。

   (4) お電話を待っています。

   (5) 金曜日に一緒に行きましょう。

中検（準4級、4級へ）の合格を目指そう！

グループ単語 （♪79）

中国菜	Zhōngguócài	中華料理	四川菜	Sìchuāncài	四川料理
日本菜	Rìběncài	日本料理	北京菜	Běijīngcài	北京料理
韩国菜	Hánguócài	韓国料理	上海菜	Shànghǎicài	上海料理
法国菜	Fǎguócài	フランス料理	广东菜	Guǎngdōngcài	広東料理

リスニング練習 （♪80）

発音を聞き、質問文を書きとり、答の文も作りなさい。

(1) ✍ _____   ✍ _____

(2) ✍ _____   ✍ _____

(3) ✍ _____   ✍ _____

(4) ✍ _____   ✍ _____

(5) ✍ _____   ✍ _____

(解答：91頁)

筆記練習

日本語の意味になるように①～④の単語を並べ換えなさい。

(1) あなたは鈴木さんと中国に行くつもりですか。

　　你_____ [_____] _____ _____吗?　　①和铃木　②打算　③中国　④去

(2) 王さんは毎日バイトをしなければならない。

　　小王_____ [_____] _____ _____。　　①每天　②得　③都　④打工

(3) 私たちは一緒に中華料理を食べに行きましょう。

　　我们_____ _____ [_____] _____吧。　　①吃　②去　③一起　④中国菜

(4) 映画のチケットを二枚ください。

　　请[_____] _____ _____ _____。　　①给　②我　③电影票　④两张

(5) 私は彼に私の電話番号を教えたくない。

　　我_____ [_____] _____ _____我的电话号码。①告诉　②不　③他　④想

75

第 15 课　我们 快 放假 了
Dì shíwǔ kè　Wǒmen kuài fàngjià le

课文 kèwén (♪ 81)

A: 我们 快 放假 了。
　　Wǒmen kuài fàngjià le.

B: 可是 放假 前 非常 忙。
　　Kěshì fàngjià qián fēicháng máng.

A: 你 考试 准备 得 怎么样?
　　Nǐ kǎoshì zhǔnbèi de zěnmeyàng?

B: 马马虎虎。
　　Mǎmǎhūhū.

A: 寒假 你 打算 干 什么?
　　Hánjià nǐ dǎsuàn gàn shénme?

B: 我 打算 去 中国 旅游。
　　Wǒ dǎsuàn qù Zhōngguó lǚyóu.

A: 你 说 中文 说 得 好 吗?
　　Nǐ shuō Zhōngwén shuō de hǎo ma?

B: 我 中文 说 得 还 不太 好。
　　Wǒ Zhōngwén shuō de hái bútài hǎo.

生词 shēngcí (♪ 82)

快～了	kuài~le	まもなく～なる / もうすぐ～だ
放假	fàngjià	休みになる
可是	kěshì	しかし
～前	qián	～の前に

考试	kǎoshì	試験
准备	zhǔnbèi	準備(する)
得	de	～するのが～
马马虎虎	mǎmǎhūhū	まあまあだ
寒假	hánjià	冬休み

学習ポイント

① 未来形：「快要・快・要～了」

| 主語＋**快要・快・要**＋（動詞・形容詞・名詞）＋**了** | まもなく～になる、もうすぐ～だ |

動詞　：　Wǒmen kuàiyào kǎoshì le.　　Gēge kuàiyào bìyè le.
　　　　我们　**快要**　考试　**了**。　　　哥哥　**快要**　毕业　**了**。　*毕业 / 卒業

形容詞：　Chá yào liáng le.　　Tiān yào hēi le.
　　　　茶　**要**　凉　**了**。　　　　天　**要**　黑　**了**。　*凉 / 冷たい　*黑 / 暮れる

名詞　：　Wǒ kuài èrnián jí le.　　Tā kuài èrshísuì le.
　　　　我　**快**　二年级　**了**。　　她　**快**　二十岁　**了**。　*~年级 / ～年生

② 程度を表す助詞「得」の文

肯定文：| 主語＋動詞＋**得**＋（副詞）形容詞 |　～するのが～

　　　　Tā pǎo de hěn kuài.
　　　　他　跑　**得**　很　快。　　　　　　　　　　*跑 / 走る　*快 / 速い

否定文：形容詞の前に「不」を置く。

　　　　Tā pǎo de bú kuài.
　　　　他　跑　**得**　不　快。

　　　　　Tā pǎo de kuài ma?　　　Tā pǎo de kuài bukuài?
疑問文：他　跑　**得**　快　吗?　　他　跑　**得**　快　不快?

| 主語＋（動詞）＋目的語＋同じ動詞＋**得**＋形容詞 |

Gāoqiáo shuō Hànyǔ shuō de hěn hǎo.　　Gāoqiáo Hànyǔ shuō de hěn hǎo.
高桥　说　汉语　说　**得**　很　好。　→　高桥　汉语　说　**得**　很　好。

Tā chàng gē(r) chàng de zěnmeyàng?　　Tā gē(r) chàng de zěnmeyàng?
她　唱　歌(儿)　唱　**得**　怎么样?　→　她　歌(儿)　唱　**得**　怎么样?

　　　　　　　　　　　　　　　　　　　　　　　　　*唱 / 歌う　*歌(儿) / 歌

練習問題

1. ピンインを漢字に直し、日本語に訳しなさい。

   (1) Wǒmen kuài fàng hánjià le.

   ✎ _____   ✎ _____

   (2) Nǐmen shénmeshíhou fàngjià?

   ✎ _____   ✎ _____

   (3) Wǒ dǎsuàn qù lǚyóu.

   ✎ _____   ✎ _____

   (4) Wǒ Zhōngwén shuō de bútài hǎo.

   ✎ _____   ✎ _____

   (5) Wǒ zhǔnbèi de mǎmǎhūhū.

   ✎ _____   ✎ _____

2. 正しい語順に並べ替えなさい。

   (1) 放假　我们　了　要

   ✎ _____   （わたしたちは間もなく休みになります。）

   (2) 他　不　跑　得　快

   ✎ _____   （彼は走るのが速くない。）

   (3) 我　说　得　中文　还　说　不　好

   ✎ _____   （私は中国語を話すのがまだうまくない。）

   (4) 她　唱　歌　得　很　好

   ✎ _____   （彼女は歌を歌うのがとても上手です。）

   (5) 快要　我们　二年级　了

   ✎ _____   （私たちはもうすぐ二年生になります。）

3. 次の日本語を中国語に訳しなさい

   (1) 私はまもなく二十歳になります。　　✎ _____

   (2) 彼は冬休みにスキーに行くつもりです。　✎ _____

   　　　　　　　　　　　　　　　　　　*滑雪 huáxuě/ スキー

   (3) 私たちはまもなく試験です。　　　✎ _____

   (4) 私は走るのが遅くない。　　　　　✎ _____

   　　　　　　　　　　　　　　　　　　*慢 màn/（スピードが）遅い

   (5) 最近私はとても忙しい。　　　　　✎ _____

中検（準4級、4級へ）の合格を目指そう！

グループ単語 （色）（♪ 83）

bái 白 （白、白い）	hēi 黑 （黒、黒い、暮れる）	hóng 红 （赤、赤い）	lán 蓝 （青、青い）
huáng 黄 （黄、黄色い）	lǜ 绿 （緑）	zǐ 紫 （紫）	chéng 橙 （橙、オレンジ）

リスニング練習 （♪ 84）

発音を聞き、質問文を書きとり、答の文も作りなさい。

(1) ✍ _____ ✍ _____

(2) ✍ _____ ✍ _____

(3) ✍ _____ ✍ _____

(4) ✍ _____ ✍ _____

(5) ✍ _____ ✍ _____

（解答：91 頁）

筆記練習

日本語の意味になるよう空欄を埋めるとき適当なものを①〜④の中から一つ選びなさい。

(1) 私たちはもうすぐ試験だ。

　　我们快要考试（　　）。　　　　　　　　　　　　　①呢　②呀　③了　④的

(2) 彼は歌を歌うのが非常にうまい。

　　他歌唱（　　）非常好。　　　　　　　　　　　　①的　②得　③地　④了

(3) あなたは家で何をしていますか。

　　你（　　）家干什么呢？　　　　　　　　　　　　①在　②给　③离　④到

(4) 王さんは走るのが速いですか。

　　小王跑得（　　）不快？　　　　　　　　　　　　①太　②很　③没　④快

(5) 私は中国語を話すのがまだうまくない。

　　我中文说得（　　）不好。　　　　　　　　　　　①没　②还　③都　④也

79

一問一答 (♪ 85)

問　　　　　　　　　　　**答**

1. 你贵姓？

2. 你叫什么名字？

3. 你是哪国人？

4. 你从哪儿来的？

5. 你今年多大了？

6. 你家有几口人？

7. 你有姐姐吗？

8. 你在哪个大学学习？

9. 现在几年级？

10. 你学了多长时间汉语？

11. 你的汉语怎么样？

12. 你每天怎么去大学？

13. 你家离学校远不远？

14. 你去过中国吗？

15. 你有中国朋友吗？

16. 现在几点？

17. 今天几月几号？

18. 今天星期几？

19. 你吃饭了吗？

20. 你最近忙吗？

21. 你喜欢旅游吗？

22. 你的爱好是什么？

文法の手引き

一、動詞述語文、形容詞述語文、名詞述語文

1. 動詞述語文

(1)「是」（第2课、第3课）

肯定文：我是日本人。　　　那是课本。

否定文：他不是老师。　　　这些不是我的书。

(2)「有」（第4课、第5课、第10课）

肯定文：我有汉语词典。　　　我有哥哥。　　　那里有书店。

否定文：我没有汉语词典。　　　我没有哥哥。　　　那里没有书店。

☞「不有」×

☞「有」と「在」の比較（存在の場合）：

| （場所＋有＋人・物など）～がいる（ある） | （人・物など＋在＋場所）～にいる（ある） |

桌子上有课本。　　　　　　　　　课本在桌子上。

☞三つの「在」　p.67

(3)「是」と「有」以外の動詞：

叫、认识、吃、喝、去、学习、看、写、说、听、买、客气、请、坐など

肯定文：他们去大学。　　我们学习汉语。　　他看书。

連動文：①我骑车去公司。（第7课）　②铃木来我家玩儿。（第10课）

否定文：　「不」（現在と未来形の否定）　　　　「没（有）」（過去と進行形の否定）

我不买杂志。　　　　　　　　昨天我没（有）看电视。
（私は雑誌を買わない。）　　　　　（昨日私はテレビを見なかった。）

明天我不去大学。　　　　　　我还没（有）做作业呢。
（明日私は大学に行かない。）　　　（私はまだ宿題をやっていない。）

2. 形容詞述語文：4パターン（第6课）

(1) 汉语很难。　　(1) 今天很热。

(2) 汉语不难。　　(2) 昨天不凉快。

(3) 汉语不太难。　　(3) 饺子不太好吃。

(4) 汉语太难了。　　(4) 可乐太好喝了。

3. 名詞述語文：（第7課、第8課、第9課）

時刻、曜日、日付、年齢、金額に関する文は、「是」を省略して名詞述語文になる場合が多い。

例：
①现在几点？　　　　　　　现在下午5点。

②今天星期几？　　　　　　今天星期五。（曜日は絶対に漢数字を使う）

③明天几月几号？　　　　　明天10月12号。

④你今年多大了？　　　　　我今年19岁了。

⑤这个多少钱？　　　　　　这个100块。

☞　ただし、否定文の場合は、「是」を省略することができない。

例：今天不是星期天，是星期六。

二、重要な文法のまとめ

1. 疑問文：5パターン

(1)「吗」の疑問文（第2课）

你们是学生吗？　　　　　她想买电脑吗？

(2)「呢」の疑問文（第1课）

我叫高桥浩，你呢？　　　小王吃面条，他呢？

(3) 疑問詞疑問文（第2课、第5课、第7课）

这是什么？　　那是谁的？　　你家有几口人？

你们大学有多少（个）学生？　　我们在哪儿见面？

(4) 反復疑問文（第6课）

最近你忙不忙？　　　　铃木去不去中国？

你有没有作业？　　　　你有哥哥没有？

(5) 選択疑問文（第9课）

你喝咖啡还是（喝）茶？　你是日本人还是中国人？

2. 三つの文末助詞（吗、呢、吧）：(第 2 课、第 1 课、第 4 课)

共通点：口偏の漢字

(1) 吗 / ～か ①这些是你的吗?

(2) 呢 / ～は ①我有电脑，你呢?

/ ～している ②她在看电视呢。

(3) 吧 / ～あろう ①你是日本人吧。（？）

/ ～しよう ②我们一起去大学吧。

/ ～しなさい ③别客气，吃吧。

3. 三つの過去形の文型：(第 8 课、第 11 课)

(1) 完了を表す「了」の文 / ～した

①文末に置く：铃木吃早饭了。 否定文：铃木没（有）吃早饭。

②動詞の後ろに置く（数量詞がある；目的語が長い）

田中买了两杯茶。 小王吃了面条和饺子。

(2) 過去の経験を表す「过」の文 / ～したことがある

我们去过中国。 否定文：我们没（有）去过中国。

(3)（過去の行動の）時間・場所・手段を強調する文「～（是）～的」/ ～したのだ

她（是）昨天来日本的。 我们在北京买的。

4. 三つの「的」：(第 3 课、第 10 课、第 11 课)

(1) 日本語の「の」 这是谁的书? 这是高桥的。

(2) 動詞や形容詞が名詞の修飾語となるとき 我昨天看的电影很有意思。 可爱的熊猫

(3)（是）～的（過去の行動を強調） 小李（是）在日本买的。

5. 三つの「要」：(第 9 课、第 12 课、第 14 课)

(1) 要る、欲しい、下さい（動詞） 我们再要两个面包。

(2) ～（～時間が）かかる（動詞） 还要半个小时。

(3) しようとする（助動詞） 佐藤要去中国留学。

6. 二つの「得」：（第14課、第15課）

(1) ～しなければならない（助動詞　děi）　　　我得打工。

(2) ～するのが～（助詞　de）　　　　　　　　他歌唱得很好。

三、動詞述語文の語順：（主語＋動詞＋目的語）

1. 動詞を軸にして、前に置く成分：

時間詞：（主語の前後に）下午、今天、明年、春天、寒假、11月、星期天など

助動詞：想、会、能、可以、得、要、打算、应该（第4課、第11課、第14課）

前置詞（句）：在（家）、给、跟、从、到、离（第7課、第13課）

副詞：也、都、还、一起、不、没（有）、很、再、一共、好好儿など

| 例文： | | 我 | 下午 | 想 | 在家 | | 做 | 作业。 |

| | 明年 | 铃木 | 打算 | 跟小王 | 一起 | 去 | 中国。 |

語順：時間詞　　主語　　助動詞　前置詞句　副詞　動詞　目的語

　　　（☝主語の後もOK）

☞助動詞は、基本的に動詞句の前に置く。

2. 動詞を軸にして、後ろに置く成分：

時量（時間の長さ）詞：10分钟、两个小时、三天など（第12課）

助詞：了、过、得（第8課、第11課、第15課）

例文：　①小王　在教室　学习　一个小时　汉语。

　　　　②他　　在食堂　吃　了　面条　和　饺子。

　　　　③我们　没（有）去　过　中国。

　　　　她（说）中文　说　得　很　好。

第1課～第15課の単語リスト　（数字は初出の課を示す）

A

| 爱好 | àihào | 趣味 | 12 |

B

吧	ba	文末に置く、推測、勧誘を表す	4
爸爸	bàba	父	3
半	bàn	～半、30分	7
搬家	bānjiā	引っ越す	14
饱	bǎo	満腹	13
北京	Běijīng	北京	11
本	běn	冊	5
比	bǐ	～より	12
别	bié	～するな	4
冰箱	bīngxiāng	冷蔵庫	10
病	bìng	病気	13
毕业	bìyè	卒業する	15
不	bù	否定を表す	2
不太	bútài	あまり～ない	6
不行	bùxíng	だめだ	14

C

差～	chà	前～、足りない	7
唱	chàng	歌う	15
车站	chēzhàn	駅	13
吃	chī	食べる	7
抽烟	chōuyān	たばこを吸う	11
出差	chūchāi	出張する	13
初次	chūcì	初めて、1回目	1
词典	cídiǎn	辞書	3
从	cóng	～から（起点）	13
从～到～	cóng~dào	～から～まで	13

D

打	dǎ	する、やる	12
打工	dǎgōng	アルバイトをする	14
到	dào	～まで、に	13
打算	dǎsuàn	～するつもり/予定である	14

得	de	～するのが～	15
的	de	～の～	3
的	de	動詞と形容詞が名詞を修飾する場合は「的」でつなぐ	
得	děi	しなければならない	14
等	děng	待つ	9
第	dì	第	1
～点	diǎn	～時	7
电车	diànchē	電車	7
电话	diànhuà	電話	12
电脑	diànnǎo	パソコン	4
电器店	diànqìdiàn	電気屋	4
电视	diànshì	テレビ	7
电影	diànyǐng	映画	4
电影院	diànyǐngyuàn	映画館	7
电子词典	diànzǐ cídiǎn	電子辞書	10
弟弟	dìdi	弟	5
地铁	dìtiě	地下鉄	13
东京	Dōngjīng	東京	12
都	dōu	全部、皆	3
多大岁数	duōdà suìshu	いくつ（年配者）	8
多	duō	多く、多い	1
多长时间	duōcháng shíjiān	どのくらいの時間	12
多大	duōdà	いくつ（大人）	8
多大年纪	duōdàniánjì	いくつ（年配者）	8
多少钱	duōshaoqián	いくら	9

F

放假	fàngjià	休みになる	15
非常	fēicháng	非常に	11
飞机	fēijī	飛行機	13
～分	~fēn	～分	7
～分	~fēn	お金の単位、「角」の10分の1単位	9
～分钟	~fēnzhōng	～分間	12

G

干	gàn	する、やる	12
感冒	gǎnmào	風邪	11
高桥 浩	Gāoqiáo Hào	高橋浩（名前）	1
告诉	gàosu	知らせる	14
高兴	gāoxìng	嬉しい	2
歌（儿）	gē(r)	歌	15
个	gè, ge	個	5
～个月	geyuè	～ヶ月	12
哥哥	gēge	兄	5
给	gěi	～に	7
给	gěi	～をくれる／あげる	14
跟	gēn	～と、～に	7
公司	gōngsī	会社	3
关照	guānzhào	面倒を見る	1
贵	guì	（値段が）高い	10
贵姓	guìxìng	相手の姓を訪ねる丁寧な表現	1
过	guo	したことがある	11
过奖	guòjiǎng	褒めすぎる	6

H

还	hái	まだ、また	4
还是	háishì	それとも	9
寒假	hánjià	冬休み	14
汉语	Hànyǔ	中国語	3
汉语课	Hànyǔ kè	中国語の授業	6
好	hǎo	良い、素晴らしい	6
好吃	hǎochī	おいしい（食べ物）	6
好好儿	hǎohāor	しっかり	14
好喝	hǎohē	おいしい（飲みもの）	6
号码	hàomǎ	番号	14
喝	hē	飲む	9
和	hé	～と～	3
黑	hēi	暮れる	15
很	hěn	とても	2
花	huā	花	10
滑雪	huáxuě	スキー、スキーをする	15
会	huì	～できる	11

J

几	jǐ	いくつ、何～	5
家	jiā	家	5
～家	jiā	～軒	10
件	jiàn	～枚（助数詞）	5
见面	jiànmiàn	会う	1
角	jiǎo	「元」の十分の1単位	9
教	jiāo	教える	14
叫	jiào	（フルネーム）を～という	1
教室	jiàoshì	教室	10
饺子	jiǎozi	ギョーザ	6
几点	jǐdiǎn	何時	7
姐姐	jiějie	姉	5
几号	jǐhào	何日	8
今年	jīnnián	今年	8
今天	jīntiān	今日	6
几岁	jǐsuì	何歳（10歳未満）	8
酒	jiǔ	お酒	11
几月	jǐyuè	何月	8

K

咖啡	kāfēi	コーヒー	8
开车	kāichē	車を運転する	7
开始	kāishǐ	始まる、始める、開始する	7
看	kàn	見る、読む	4
考试	kǎoshì	試験	15
～刻	~kè	15分	7
课	kè	課、授業	1
可爱	kě'ài	可愛い	10
可乐	kělè	コーラ	6
可是	kěshì	しかし	15
课本	kèběn	テキスト	3
客气	kèqi	遠慮する	4
可以	kěyǐ	～してもいい	11
口	kǒu	家族総人数を数える助数詞	5
块	kuài	元（中国のお金の単位）	9
快要～了	kuài/yào~le	まもなく～なる、もうすぐ～だ	15

L

老师	lǎoshī	先生	1
了	le	文末助詞、語気を表す	6
冷	lěng	寒い	6
里	li	〜（の中）に	10
离	lí	〜から（2つの場所の間の距離）	13
李	lǐ	李（苗字）	11
凉	liáng	涼しい	15
两	liǎng	2つ	5
凉的	liángde	冷たいもの	9
凉快	liángkuai	涼しい	6
练习	liànxí	練習する	9
铃木	Língmù	鈴木	2
留学	liúxué	留学、留学する	14
礼物	lǐwù	プレゼント	8
旅游	lǚyóu	旅行（する）	11

M

吗	ma	〜か	2
买	mǎi	買う	4
买东西	mǎi dōngxi	買い物する	7
妈妈	māma	お母さん、母	5
马马虎虎	mǎmǎhūhū	まあまあだ	15
慢	màn	（スピードが）遅い	15
忙	máng	忙しい	6
毛	máo	「元」の10分の1単位	9
毛衣	máoyī	セーター	5
妹妹	mèimei	妹	5
每天	měitiān	毎日	7
没问题	méi wèntí	大丈夫だ、問題ない	14
没有	méiyǒu	〜ない（いない）、持っていない	4
门口	ménkǒu	玄関	7
面包	miànbāo	パン	5
面条	miàntiáo	麺類	8
〜秒	~miǎo	〜秒	7
明天	míngtiān	明日	6
名字	míngzi	名前	1

N

那	nà	それ、あれ	3
哪	nǎ	どれ	3
哪国人	nǎguórén	どの国の人	2
那里	nàli/nèili	そこ、あそこ	7
奶奶	nǎinai	お婆さん	5
哪里	nǎli	どこ	7
哪里哪里	nǎlinǎli	とんでもない	6
难	nán	難しい	6
那里	nàli	そこ、あそこ	7
那儿	nàr	そこ、あそこ	7
哪儿	nǎr	どこ	7
那些	nàxiē	それら（の）、あれら（の）	3
哪些	nǎxiē	複数のどれ、どちら	3
〜呢	~ne	〜は？	1
		〜している	12
能	néng	〜ができる	11
你	nǐ	きみ、あなた	1
你好	nǐ hǎo	こんにちは	
〜年	~nián	〜年間	12
〜年级	~niánjí	〜年生	9
你们	nǐmen	あなたたち	1
您	nín	あなた	1
牛奶	niúnǎi	ミルク	9

P

旁边	pángbiān	〜隣に	10
跑	pǎo	走る	15

Q

骑	qí	乗る	7
〜前	~qián	〜前、足りない	15
请	qǐng	どうぞ	1
〜星期	~xīngqī	〜週間、〜週	12
请问	qǐngwèn	お尋ねします	3
去	qù	行く	4
去年	qùnián	去年	11

R

热	rè	暑い、熱い	6

热的	rède	熱いもの	9
人	rén	人、人間	5
人口	rénkǒu	人口	12
认识	rènshi	知り合う	2
日本菜	Rìběncài	日本料理	9
日本人	Rìběnrén	日本人	2

S

～上	shang	～の上に	10
上海	Shànghǎi	上海	13
上课	shàngkè	授業にでる、授業をする	11
上午	shàngwǔ	午前	4
上学	shàngxué	通学する、学校に行く	7
谁	shéi(shuí)	誰	1
生日	shēngri	誕生日	8
什么	shénme	どんな、何	1
什么时候	shénmeshíhou	いつ	11
身体	shēntǐ	身体、体	13
是	shì	～は～である	2
是～的	shì~de	～したのである	11
食堂	shítáng	食堂	7
手机	shǒujī	携帯電話	10
书	shū	本、書物	3
书店	shūdiàn	本屋	10
暑假	shǔjià	夏休み	11
说	shuō	話す	11
岁	suì	～歳	8

T

他	tā	彼	1
她	tā	彼女	1
他们	tāmen	彼たち	1
她们	tāmen	彼女たち	1
～天	~tiān	～日間	12
田中	Tiánzhōng	田中	11
停车	tíngchē	駐車する	11
图书馆	túshūguǎn	図書館	3

W

晚饭	wǎnfàn	夕飯	7
王	Wáng	王（苗字）	1

王 海洋	Wáng Hǎiyáng	王海洋（名前）	1
玩儿	wánr	遊ぶ	10
晚上	wǎnshang	夜	7
微信	wēixìn	ウィーチャット	14
喂	wéi	もしもし	12
问	wèn	尋ねる、問う	9
我	wǒ	私	1
我们	wǒmen	私たち	1

X

想	xiǎng	～したい	4
现在	xiànzài	今、現在	7
小	xiǎo	小さい	8
～小时	~xiǎoshí	～時間	12
小说	xiǎoshuō	小説	3
下午	xiàwǔ	午後	4
写信	xiěxìn	手紙を書く	7
谢谢	xièxie	ありがとう、感謝する	8
喜欢	xǐhuan	好きである	11
新	xīn	新しい	10
姓	xìng	姓、（姓）を～という	1
星期二	xīngqī'èr	火曜日	8
星期几	xīngqījǐ	何曜日	8
星期六	xīngqīliù	土曜日	8
星期日（天）	xīngqīrì(tiān)	日曜日	8
星期三	xīngqīsān	水曜日	8
星期四	xīngqīsì	木曜日	8
星期五	xīngqīwǔ	金曜日	8
星期一	xīngqīyī	月曜日	8
熊猫	xióngmāo	パンダ	10
休息	xiūxi	休憩する、休む	8
学生	xuésheng	学生、生徒	1
学	xué	学ぶ	11
学习	xuéxí	学ぶ	4
学校	xuéxiào	学校	13

Y

要	yào	要る、ほしい、ください	9
要	yào	（～時間が）かかる	12
要	yào	しようとする、したい	14
也	yě	～も	2

爷爷	yéye	お祖父さん	5
一点儿	yìdiǎnr	少し	11
一共	yígòng	合わせて、全部で	9
应该	yīnggāi	～するべきである	14
英语	Yīngyǔ	英語	3
一起	yìqǐ	一緒に	4
一下	yíxià	ちょっと～する	9
一样	yíyàng	同じ	12
游泳	yóuyǒng	泳ぐ、水泳する	11
有	yǒu	～がある（いる）、持っている	4
有意思	yǒuyìsi	おもしろい	10
元	yuán	元（通貨の一番大きい単位）	9
远	yuǎn	遠い	13

Z

再	zài	さらに、また	9
在	zài	～で、～に	7
在	zài	～にいる（ある）	10
在～呢	zài~ne	～している	12
早饭	zǎofàn	朝食	7
杂志	zázhì	雑誌	3

怎么	zěnme	どのように、どうして	13
怎么样	zěnmeyàng	どうですか	7
找	zhǎo	釣り銭を返す	9
这	zhè	これ	3
这个	zhège (zhèige)	この、これ	9
这里	zhèli/zhèili	ここ	7
这儿	zhèr	ここ	7
这些	zhèxiē	これら、これらの	3
～只	zhī	～匹、～頭	10
中国菜	Zhōngguócài	中華料理	14
中国朋友	Zhōngguópéngyou	中国の友人	4
中国人	Zhōngguórén	中国人	2
中文	Zhōngwén	中国語	10
桌子	zhuōzi	机	10
自行车	zìxíngchē	自転車	7
最近	zuìjìn	最近	6
坐	zuò	座る	4
做	zuò	する、やる	12
昨天	zuótiān	昨日	6
佐藤	Zuǒténg	佐藤	11
作业	zuòyè	宿題	6

七、発音編総合練習の解答

1. 発音を聞いて、ピンインに声調符号をつけなさい。

wǔ	shíjiǔ	yìbǎiyīshíbā (yìbǎiyīshíbā)	liǎngqiānlíngliù	èrlíngèrèrnián
5	19	118	2006	2022 年
chūntiān	péngyou	máoyī	shuǐguǒ	zìxíngchē
春天	朋友	毛衣	水果	自行车

2. 発音を聞いて(1)～(5)のピンイン表記と一致するものを①～④の中から一つ選びなさい。

(1) shū　① chī　吃　② zhū　猪　③ **shū　书**　④ zhuō　桌
(2) xuě　① xiě　写　② **xuě　雪**　③ jiě　姐　④ zǒu　走
(3) chuán　① **chuán　船**　② qián　钱　③ qiáng　墙　④ chuáng　床
(4) fàn　① diàn　电　② miàn　面　③ zhàn　站　④ **fàn　饭**
(5) jiǔ　① **jiǔ　九**　② yǔ　雨　③ jǐ　几　④ kǔ　苦

3. (1)～(5)の日本語を、中国語で言い表す場合、最も適当なものを、①～④の中から一つ選びなさい。

(1) 机　① zhuōzi　**桌子**　② běnzi　本子
　　　③ jiǎozi　饺子　④ shǒujī　手机
(2) 電話　① diànchē　电车　② chēzhàn　车站
　　　③ diànhuà　**电话**　④ diànyǐng　电影
(3) ラーメン　① miànbāo　面包　② shuǐguǒ　水果
　　　③ miàntiáo　**面条**　④ hǎochī　好吃
(4) 108　① yìqiānlíngbā　1008　② yìbǎilíngbā　**108**
　　　③ yìbǎibāshí　180　④ yìqiānbābǎi　1800
(5) 2174　① liǎngqianqībǎiyīshísì　2714　② liǎngqiānyìbǎiqīshisì　2174
(学生番号)　③ èryāosìqī　2147　④ èryāoqīsì　**2174**

4. (1)～(5)の中国語の正しいピンイン表記を①～④の中から一つを選びなさい。

(1) 鱼　① yǔ　雨　② **yú　鱼**　③ wǔ　五　④ yī　一
(2) 信　① **xìn　信**　② wèn　问　③ kùn　困　④ yùn　运
(3) 电脑　① máoyī　毛衣　② shǒujī　手机　③ shǒubiǎo　手表　④ **diànnǎo　电脑**
(4) 大学　① xuésheng　学生　② **dàxué　大学**　③ jiàoshì　教室　④ dàxuě　大雪
(5) 公园　① **gōngyuán　公园**　② cèsuǒ　厕所　③ yínháng　银行　④ rènzhēn　认真

5. ピンインを書きなさい。

shíyī	jiǔshí	yìbǎilíngèr	liǎngqiānlíngliù	yāolíngyāoliù
11	90	102	2006	1016 (部屋番号)
Rìběn	Zhōngguó	qiānbǐ	diànchē	miànbāo
日本	中国	铅笔	电车	面包

6. 中国語の漢字と日本語の意味を書きなさい。

爸爸	妈妈	爷爷	奶奶	哥哥	姐姐	手机	裤子	电话	车站
父	母	お爺さん	お婆さん	兄	姉	携帯電話	ズボン	電話	駅

90

第12課～第15課リスニング練習の解答

第12課

(1) 6 時	① liùshí	② liùyuè	③ liùdiǎn	④ liùhào
(2) 2 時間	① èrshí	② liǎngdiǎn	③ èrgexiǎoshí	④ liǎnggexiǎoshí
(3) 2 日間	① liǎngtiān	② liǎngdiǎn	③ liǎngnián	④ èrhào
(4) 1 ヶ月	① yīyuè	② yígeyuè	③ yìtiān	④ yìdiǎn
(5) 授業が終わる	① xiàbān	② shàngkè	③ xiàkè	④ xiàbān

第13課

(1) 你家在哪儿?

(2) 你是从哪儿来的?

(3) 你怎么去大学?

(4) 你家离这里远吗?

(5) 你的汉语怎么样?

第14課

(1) 你去哪儿?

(2) 今天你打工吗?

(3) 你喜欢日本菜吗?

(4) 我们一起去，怎么样?

(5) 谁教你们汉语?

第15課

(1) 你们几月几号放假?

(2) 你们快考试了吗?

(3) 星期天你打算干什么?

(4) 你中文说得好不好?

(5) 你跑得快吗?

中国語検定試験準4級模擬試験

リスニング

（♪ 86） ① 1. これから読む⑴〜⑸の中国語と一致するものを①〜④のピンイン表記の中から一つ選びなさい。（10点）

⑴	① sì	② sù	③ cù	④ zì
⑵	① jiàn	② jià	③ jiè	④ jiàng
⑶	① xiè	② yè	③ yuè	④ xià
⑷	① yǒu	② qiú	③ jiǔ	④ jiù
⑸	① chū	② zhū	③ shū	④ zhōu

（♪ 87） 2. ⑹〜⑽のピンイン表記と一致するものを①〜④の中から一つ選びなさい。（10点）

⑹ xuéxí	①	②	③	④
⑺ wàzi	①	②	③	④
⑻ rènshi	①	②	③	④
⑼ chīfàn	①	②	③	④
⑽ shǒujī	①	②	③	④

（♪ 88） 3. ⑾〜⒂の日本語を中国語で言い表す場合，最も適当なものを①〜④の中から一つ選びなさい。（10点）

⑾ あさって	①	②	③	④
⑿ おいしい	①	②	③	④
⒀ 朝	①	②	③	④
⒁ どこ	①	②	③	④
⒂ 便利	①	②	③	④

（♪ 89） ② 1. ⑴〜⑸の日本語を中国語で言い表す場合，最も適当なものを①〜④の中から一つ選びなさい。（10点）

⑴ 19歳	①	②	③	④
⑵ 105	①	②	③	④
⑶ 2時間	①	②	③	④
⑷ 先週の日曜日	①	②	③	④
⑸ 子供5人	①	②	③	④

（♪ 90）　　2.（6)～⑽のような場合，中国語ではどのように言うのが最も適当か①～④の
　　　　　　　中から一つ選びなさい。（10点）

(6) 久しぶりに会ったとき　　　　①　　　　②　　　　③　　　　④

(7) 迷惑をかけたとき　　　　　　①　　　　②　　　　③　　　　④

(8) 家族総人数を聞かれたとき　　①　　　　②　　　　③　　　　④

(9) トイレの場所をたずねるとき　①　　　　②　　　　③　　　　④

⑽ あやまられたとき　　　　　　①　　　　②　　　　③　　　　④

筆　記

③　1.（1)～(5)の中国語の単語の正しいピンイン表記を①～④の中から一つ選びなさい。
　　　（10点）

(1) 走　　　　　① jiǔ　　　　　② zuǒ　　　　　③ zǒu　　　　　④ suǒ

(2) 少　　　　　① xiǎo　　　　② jiāo　　　　　③ xiào　　　　　④ shǎo

(3) 上课　　　　① shàngxué　　② shàngbān　　③ shàngkè　　　④ xiàkè

(4) 报纸　　　　① shǒuzhǐ　　　② běnzi　　　　③ kèběn　　　　④ bàozhǐ

(5) 手表　　　　① shǒujī　　　② shǔjià　　　　③ shǒubiǎo　　　④ shuǐguǒ

　　2.（6)～⑽の日本語の意味になるように空欄を埋めるとき、最も適当なものを①～④の
　　　　中から一つ選びなさい。（10点）

(6) おいくつですか？

　　你今年（　　　）大了？

　　①多少　　　　②几　　　　　③多　　　　④什么

(7) 図書館の南側に本屋があります。

　　图书馆的南边（　　　）书店。

　　①有　　　　②在　　　　　③不有　　　　④没是

(8) 私たちは電車で行きましょう。

　　我们（　　　）电车去吧。

　　①坐　　　　②座　　　　　③骑　　　　④开

(9) 彼女は教室で宿題をやっています。

　　她（　　　）教室做作业。

　　①给　　　　②在　　　　　③送　　　　④从

⑽ この服は私のです。

　　这（　　　）衣服是我的。

　　①个　　　　②件　　　　　③张　　　　④只

93

3. ⑾〜⒂の日本語の意味に合う中国語を①〜④の中から一つ選びなさい。（10点）

⑾ 私たちもみんな医者ではありません。

①我们都也不是医生。　　　　②我们也不都是医生。

③我们也都不是医生。　　　　④我们不也都是医生。

⑿ 私は毎日自転車で学校に行きます。

①我每天骑自行车去学校。　　②我每天去学校骑自行车。

③我每天自行车骑去学校。　　④我每天自行车骑学校去。

⒀ 郵便局は本屋の東側にあります。

①书店在邮局的东边儿。　　　②邮局的书店在东边儿。

③邮局的在书店东边儿。　　　④邮局在书店的东边儿。

⒁ この料理は本当においしい！

①这菜个太好吃了　　　　　　②这个菜太好吃了。

③这个菜好吃太了。　　　　　④这个菜太了好吃。

⒂ 私は王さんにメールを送りたい。

①我想小王给发邮件。　　　　②我想给小王发邮件。

③我给想小王发邮件。　　　　④我想小王给邮件发。

4 ⑴〜⑸の日本語を中国語に訳したとき、下線部の日本語に当たる中国語を漢字（簡体字）で回答欄に書きなさい。（漢字は崩したり略したりせずに書くこと。）（20点）

⑴ a 電話を<u>する</u>。　　＿＿＿＿电话。

　　b 地図を<u>買う</u>。　　＿＿＿＿地图。

⑵ a <u>お金</u>がある。　　有＿＿＿＿＿。

　　b お茶を<u>飲む</u>。　　＿＿＿＿茶。

⑶ <u>駅</u>に行く。　　　　去＿＿＿＿＿。

⑷ <u>問題</u>がない。　　　没＿＿＿＿＿。

⑸ <u>飛行機</u>に乗る。　　坐＿＿＿＿＿。

注意：正式な中国語検定試験では、漢字を書く以外の問題にはマークシート用紙が別に配布され、正解と思われる番号をマークシートにマークすることになっている。

中国語検定試験準4級模擬試験（解答）

（太文字は正解）

リスニング

① 1. これから読む(1)～(5)の中国語と一致するものを①～④のピンイン表記の中から一つ選びなさい。（10点）

(1) zì　　① sì　四　　② sù　素　　③ cù　醋　　**④ zì　字**

(2) jiàn　**① jiàn 见**　② jià　假　　③ jiè　借　　④ jiàng 将

(3) yè　　① xiè　谢　　**② yè　夜**　③ yuè　月　　④ xià　下

(4) jiǔ　　① yǒu　有　　② qiú　球　　**③ jiǔ　九**　④ jiù　就

(5) shū　① chū　出　　② zhū　猪　　**③ shū　书**　④ zhōu 粥

2. (6)～(10)のピンイン表記と一致するものを①～④の中から一つ選びなさい。（10点）

(6) xuéxí　① xuéxiào 学校　② xiǎoxué 小学　**③ xuéxí 学习**　④ dàxué 大学

(7) wàzi　① màozi　帽子　**② wàzi　袜子**　③ kuàizi 筷子　④ kùzi　裤子

(8) rènshi　**① rènshi 认识**　② rénshēng 人生　③ rènzhēn 认真　④ rénwù　人物

(9) chīfàn　① shīfàn　师范　② jīdiàn　鸡蛋　③ chīcài 吃菜　**④ chīfàn 吃饭**

(10) shǒujī　① shǒuzhǐ 手纸　**② shǒujī 手机**　③ shōuzhī 收支　④ shōushi 收拾

3. (11)～(15)の日本語を中国語で言い表す場合，最も適当なものを①～④の中から一つ選びなさい。（10点）

(11) あさって　① qiántiān 前天 ② měitiān 每天 **③ hòutiān 后天** ④ jīntiān 今天

(12) おいしい　① xǐhuan 喜欢 **② hǎochī 好吃** ③ hěnhǎo 很好 ④ chīfàn 吃饭

(13) 朝　**① zǎoshang 早上** ② wǎnshang 晚上 ③ hěnzǎo 很早 ④ mǎshàng 马上

(14) どこ　① nàr 那儿 ② nàyàng 那样 ③ nàge 那个 **④ nǎr 哪儿**

(15) 便利　**① fāngbiàn 方便** ② pángbiān 旁边 ③ fángjiān 房间 ④ piányi 便宜

② 1. (1)～(5)の日本語を中国語で言い表す場合，最も適当なものを①～④の中から一つ選びなさい。（10点）

(1) 19歳　　① jiǔshínián　九十年（90年）

　　　　　　② jiǔshisuì　九十岁（90歳）

　　　　　　③ shíjiǔnián　十九年（19年）

　　　　　　④ shíjiǔsuì　十九岁

95

(2) 105 ① yìqiānlíngwǔ 一千零五 (1005)

② yìbǎilíngwǔ **一百零五**

③ yìbǎiwǔ 一百五 (150)

④ yìqiānwǔ 一千五 (1500)

(3) 2時間 ① liǎngdiǎn 两点

② liǎnggexiǎoshí **两个小时**

③ liǎnggexīngqī 两个星期

④ liǎnggeyuè 两个月

(4) 先週の日曜日 ① xiàgexīngqīsān 下个星期三 (来週の水曜日)

② shànggexīngqīsān 上个星期三 (先週の水曜日)

③ xiàgexīngqītiān 下个星期天 (来週の日曜日)

④ shànggexīngqītiān **上个星期天**

(5) 子供5人 ① wǔgexiǎoháir **五个小孩儿**

② wǔwèikèren 五位客人

③ wǔgexuésheng 五个学生

④ wǔwèilǎoshī 五位老师

2. (6)～(10)のような場合，中国語ではどのように言うのが最も適当か①～④の中から一つ選びなさい。(10点)

(6) 久しぶりに会ったとき

① Chūcì jiànmiàn! 初次见面! (はじめまして！)

② Míngtiān jiàn! 明天见! (また明日！)

③ Xiàxīngqī jiàn! 下星期见! (また来週！)

④ Hǎojiǔ bújiànle! **好久不见了!** （お久しぶりです！)

(7) 迷惑をかけたとき

① Qǐng zài shuō yíbiàn! 请再说一遍! (もう一度言ってください！)

② Qǐng děng yíxià! 请等一下! (ちょっと待ってください！)

③ Máfan nín le! **麻烦您了!** **（ご迷惑をおかけしました！)**

④ Wǒ xiān zǒule! 我先走了! （お先に失礼します！)

(8) 家族総人数を聞かれたとき

① Zhèli yǒu wǔgerén. 这里有五个人。(ここに五人います。)

② Wǒ yǒu liǎngge dìdi. 我有两个弟弟。(弟が二人います。)

③ Wǒ yǒu sānge mèimei. 我有三个妹妹。(妹が三人います。)

④ Wǒ jiā yǒu sìkǒurén. **我家有四口人。(私は四人家族です。)**

(9) トイレの場所をたずねるとき

        ① Jiàoshì zài nǎr?   教室在哪儿?   （教室はどこですか？）

        ② Cèsuǒ zài nǎr?   **厕所在哪儿?**   **（トイレはどこですか？）**

        ③ Nǐ xiǎng qù nǎr?   你想去哪儿?   （あなたはどこに行きたいです

                                                    か？）

        ④ Nàr yǒu rén ma?   那儿有人吗?   （あそこに人がいますか？）

(10) あやまられたとき

        ① Méi guānxi!   **没关系!**   **（大丈夫です！）**

        ② Bié kèqi!   别客气!   （遠慮しないで！）

        ③ Duìbuqǐ!   对不起!   （すみません！）

        ④ Méi wèntí!   没问题!   （問題ない！）

筆　記

3 1. (1)〜(5)の中国語の単語の正しいピンイン表記を①〜④の中から一つ選びなさい。
　　　（10点）

(1) 走   ① jiǔ   酒   ② zuǒ   左   ③ zǒu   **走**   ④ suǒ   所

(2) 少   ① xiǎo   小   ② jiāo   教   ③ xiào   笑   ④ shǎo   **少**

(3) 上课   ① shàngxué 上学 ② shàngbān 上班 ③ shàngkè **上课** ④ xiàkè 下课

(4) 报纸   ① shǒuzhǐ 手纸 ② běnzi 本子 ③ kèběn 课本 ④ bàozhǐ **报纸**

(5) 手表   ① shǒujī 手机 ② shǔjià 暑假 ③ shǒubiǎo **手表** ④ shuǐguǒ 水果

2. (6)〜(10)の日本語の意味になるように空欄を埋めるとき、最も適当なものを①〜④の
　　中から一つ選びなさい。（10点）

(6) おいくつですか？

　你今年（　　　）大了？

　①多少   ②几   **③多**   ④什么

(7) 図書館の南側に本屋があります。

　图书馆的南边（　　　）书店。

　①有   ②在   ③不有   ④没是

(8) 私たちは電車で行きましょう。

　我们（　　　）电车去吧。

　①坐   ②座   ③骑   ④开

(9) 彼女は教室で宿題をやっています。

　她（　　　）教室做作业。

　①给   **②在**   ③送   ④从

⑽ この服は私のです。

　　这（　　　）衣服是我的。

　　①个　　　　　　②件　　　　　　③张　　　　　　④只

　　3. ⑾～⒂の日本語の意味に合う中国語を，①～④の中から一つ選びなさい。（10点）

⑾ 私たちもみんな医者ではありません。

　　①我们都也不是医生。　　　　②我们也不都是医生。

　　③我们也都不是医生。　　　④我们不也都是医生。

⑿ 私は毎日自転車で学校に行きます。

　　①我每天骑自行车去学校。　　②我每天去学校骑自行车。

　　③我每天自行车骑去学校。　　　④我每天自行车骑学校去。

⒀ 郵便局は本屋の東側にあります。

　　①书店在邮局的东边儿。　　　②邮局的书店在东边儿。

　　③邮局的在书店东边儿。　　　**④邮局在书店的东边儿。**

⒁ この料理は本当においしい！

　　①这菜个太好吃了。　　　　　**②这个菜太好吃了。**

　　③这个菜好吃太了。　　　　　④这个菜太了好吃。

⒂ 私は王さんにメールを送りたい。

　　①我想小王给发邮件。　　　　**②我想给小王发邮件。**

　　③我给想小王发邮件。　　　　④我想小王给邮件发。

4　⑴～⑸の日本語を中国語に訳したとき、下線部の日本語に当たる中国語を漢字（簡体字）で回答欄に書きなさい。（漢字は崩したり略したりせずに書くこと。）（20点）

⑴ a 電話を<u>する</u>。　　<u>打</u>电话。

　　b 地図を<u>買う</u>。　　<u>买</u>地图。

⑵ a <u>お金</u>がある。　　有<u>钱</u>。

　　b <u>お茶</u>を飲む。　　喝<u>茶</u>。

⑶ <u>駅</u>に行く。　　　　去<u>车站</u>。

⑷ <u>問題</u>がない。　　　没<u>问题</u>。

⑸ <u>飛行機</u>に乗る。　　坐<u>飞机</u>。

周　一川　Zhou Yichuan
　　元日本大学理工学部教授

郭　海燕　Guo Haiyan
　　日本大学理工学部教授

賈　曦　Jia Xi
　　長崎県立大学国際社会学部教授

同学社

Ⓒ新訂・ゼロから学ぶ中国語―検定試験合格への道のり―

2012 年 2 月 1 日　初版発行
2016 年 2 月 1 日　新版初版発行
2025 年 2 月 1 日　新訂版再版発行

定価　本体 2,400 円（税別）

編著者	周　一川 郭　海燕 賈　曦
発行者	近藤孝夫
印刷所	株式会社　坂田一真堂
発行所	株式会社　同学社 〒112-0005　東京都文京区水道 1-10-7 電話 03-3816-7011　振替 00150-7-166920

製本：井上製本所　組版：倉敷印刷
ISBN978-4-8102-0791-0
Printed in Japan
**許可なく複製・転載することならびに
部分的にもコピーすることを禁じます。**

◇ 同学社・中国語参考書 ◇

～中国語の最強攻略本～

Why? にこたえる はじめての 中国語の文法書 ＜新訂版＞

相原茂・石田知子・戸沼市子 著

B5判・本文400頁・2色刷　定価　本体2,500円（税別）
987-4-8102-0327-1

7大特色＋α

1) 何故そうなのかという Why? に初めてこたえる。
2) 単語や例文には和訳付き，1人で辞書なしで学べる。
3) 文法事項が課ごとに整理され，系統的に覚えられる。
4) 豊富・多彩なドリルで実践力を常にチェック。
5) 学習に役立つ情報が随所に満載。
6) 親しみやすいイラスト400点以上，理解を深める。
7) 日・中の索引が完備，予習・復習に便利。
＋α 最初の「中国語の発音」に音声がつきました！
　　同学社のホームページからダウンロードできます！

わかって話す（CD付）
ひとこと中国語表現ハンドブック

榎本英雄著　旅行やビジネスですぐに役立つ中国語の表現500を収める．「文法ルール表現編」や場面別表現編，索引，単語集も充実の実用的参考書．

A5判200頁　定価 本体2,000円（税別）
978-4-8102-0064-5

体験的 中国語の学び方
—わたしと中国語、中国とのかかわり

荒川清秀著　自らの勉学体験をもとに中国語学習のノウハウをやさしく語りかける．有益なヒント満載のエッセイ集．

四六判250頁　定価 本体1,500円（税別）
978-4-8102-0218-2

Podcastで学ぶ 中国語エピソード 100（CD付）

相原茂・朱怡穎著　ネット配信されていた「中国や中国語に関するおしゃべり番組」がついに書籍化．音声は12時間収録（MP3）

四六判変型218頁　定価 本体1,700円（税別）
978-4-8102-0329-5

〒112-0005　東京都文京区水道 1-10-7
http://www.dogakusha.co.jp

同学社

tel 03-3816-7011　fax 03-3816-7044
振替 00150-7-166920